초등 3학년부터 시작하는

어린이 경제 신문

글 문혜정, 유승호

감수 한국경제신문

아울북

이 책의 구성과 활용법

1단계

기사 읽어 보기

1단계 기사 읽어 보기

한국 라면이 전 세계에 불티나게 팔려요!

© 게티이미지코리아

2025년 상반기 우리나라의 라면 수출액이 역대 최대를 기록했어요. 반년 동안 라면 수출액이 1조 원을 넘은 것은 사상 처음이에요. 한국 영화, 드라마 등 K-컬처의 인기가 계속되면서 라면을 비롯한 K-푸드 인기도 전 세계로 확산되고 있어요.

이러한 K-푸드의 인기는 전 세계 경제가 무역을 통해 하나로 연결돼 있다는 것을 보여 주는 사례 중 하나예요. 오늘날 거의 모든 나라는 다른 나라와 무역하고 있어요. 무역을 통해 여러 가지 *이점을 얻을 수 있기 때문이에요.

무역을 하면 그 나라에는 없는 상품을 수입해서 쓸 수 있어요. 우리나라에 없는 대표적인 것이 석유예요. 석유는 자동차 휘발유의 원료이기 때문에 만약 석유를 수입하지 않는다면 우리는 자동차를 탈 수 없을 거예요.

우리나라에서 만든 상품을 외국에 팔아 돈을 벌 수 있다는 것도 무역의 좋은 점이에요. 국내 식품 기업이 라면 등을 외국에 수출해 매출을 크게 늘린 것처럼요. 외국 소비자 입장에서는 우리나라에 오지 않고도 맛있는 한국 라면을 먹을 수 있으니 서로 좋은 일이지요.

세계 각국의 다양한 상품을 수입하는 덕분에 국내 소비자들도 해외에 나가지 않고도 다양한 물건을 저렴한 가격에 살 수 있어요. 예를 들어 수해나 무더위 영향으로 채소와 과일 등의 가격이 크게 올랐을 때 외국산 농산물 수입을 늘리면 물가가 안정되는 효과를 볼 수 있어요.

우리나라는 경제에서 무역이 차지하는 비중이 매우 큰 나라 중 하나예요. 국내 시장 규모가 크지 않아서 국산품을 외국에 수출해 경제를 발전시키는 전략을 선택했기 때문이에요.

* 이점: 이익이 되는 점.

경제 상식 채우기

수출 지향 공업화

해외 시장에 판매할 목적으로 공업을 발전시켜 경제를 성장시키는 일을 말해. 우리나라는 1960년대 이후 수출 지향 공업화로 경제를 빠르게 성장시켰어. 이와 반대로 수입품을 국산품으로 대체하는 공업화 전략을 '수입 대체 공업화'라고 해. 우리나라처럼 빠르게 경제 성장을 이룬 나라들은 대부분 수출 지향 공업화 전략을 택했어.

112

- 40가지 경제 키워드를 중심으로 어린이 눈높이에 맞춰 풀어 쓴 기사를 읽어 봐요.
- 기사와 관련해 알아 두면 좋을 재미있는 경제 상식을 '경제 상식 채우기'를 통해 알아봐요.

2단계

기사 이해하기

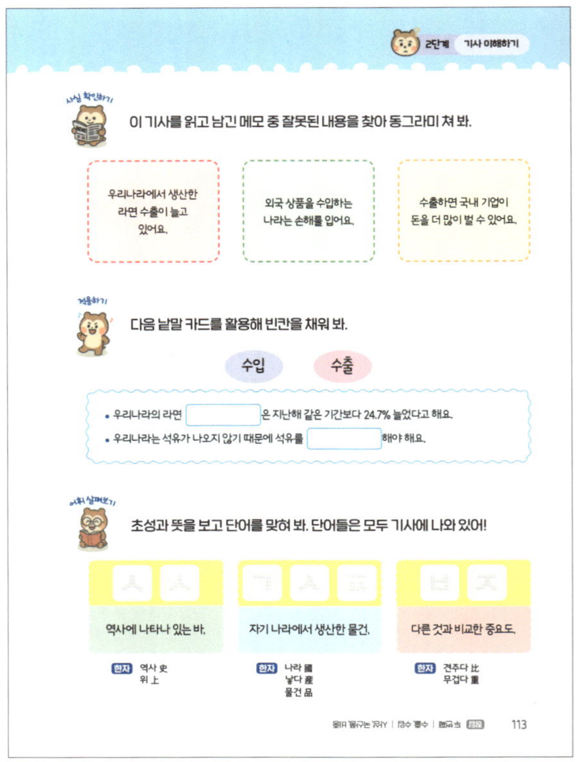
2단계 기사 이해하기

사실 확인하기

이 기사를 읽고 남긴 메모 중 잘못된 내용을 찾아 동그라미 쳐 봐.

우리나라에서 생산한 라면 수출이 늘고 있어요.	외국 상품을 수입하는 나라는 손해를 입어요.	수출하면 국내 기업이 돈을 더 많이 벌 수 있어요.

적용하기

다음 낱말 카드를 활용해 빈칸을 채워 봐.

수입 수출

- 우리나라의 라면 ( ) 은 지난해 같은 기간보다 24.7% 늘었다고 해요.
- 우리나라는 석유가 나오지 않기 때문에 석유를 ( ) 해야 해요.

어휘 살펴보기

초성과 뜻을 보고 단어를 맞혀 봐. 단어들은 모두 기사에 나와 있어!

ㅅ ㅅ	ㄱ ㅅ ㅍ	ㅂ ㅈ
역사에 나타나 있는 바.	자기 나라에서 생산한 물건.	다른 것과 비교한 중요도.
한자 역사 史, 위 上	한자 나라 國, 낳다 産, 물건 品	한자 견주다 比, 무겁다 重

113

- 기사를 잘 이해했는지 문제를 풀면서 확인해 봐요.
- 어휘력과 문해력, 경제 상식까지 한 번에 키울 수 있어요.

- 형광펜으로 표시한 문장은 그 기사의 주제 문장이에요.
- * 표시가 있는 낱말의 뜻을 기사의 끝에서 확인해 보세요.
- 기사는 2025년 11월을 기준으로 작성되었어요.

3단계

경제 개념 한눈에 보기

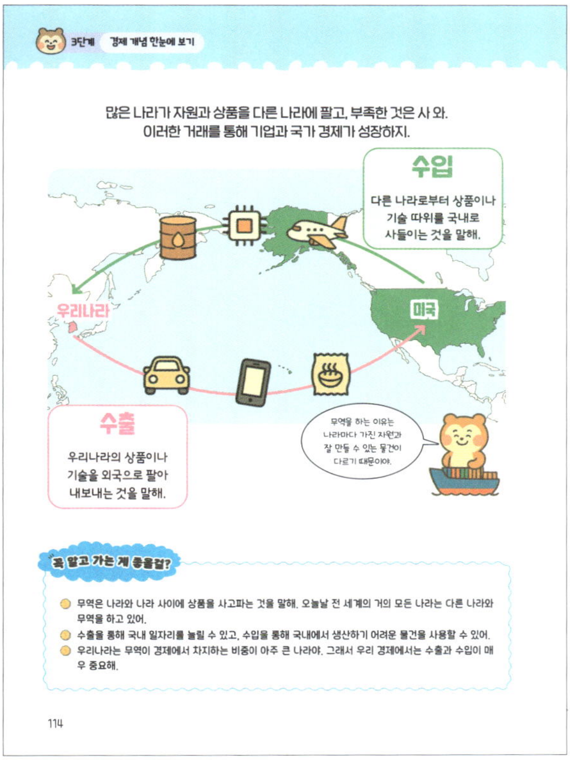
3단계 경제 개념 한눈에 보기

많은 나라가 자원과 상품을 다른 나라에 팔고, 부족한 것은 사 와.
이러한 거래를 통해 기업과 국가 경제가 성장하지.

꼭 알고 가는 게 좋을걸?

- 무역은 나라와 나라 사이에 상품을 사고파는 것을 말해. 오늘날 전 세계의 거의 모든 나라는 다른 나라와 무역을 하고 있어.
- 수출을 통해 국내 일자리를 늘릴 수 있고, 수입을 통해 국내에서 생산하기 어려운 물건을 사용할 수 있어.
- 우리나라는 무역이 경제에서 차지하는 비중이 아주 큰 나라야. 그래서 우리 경제에서는 수출과 수입이 매우 중요해.

114

- 기사에서 다룬 경제 키워드의 개념을 한눈에 볼 수 있게 정리했어요.
- '꼭 알고 가는 게 좋을 걸?'에서는 한 번 더 개념을 훑어볼 수 있어요.

4단계

기자가 되어 보자!

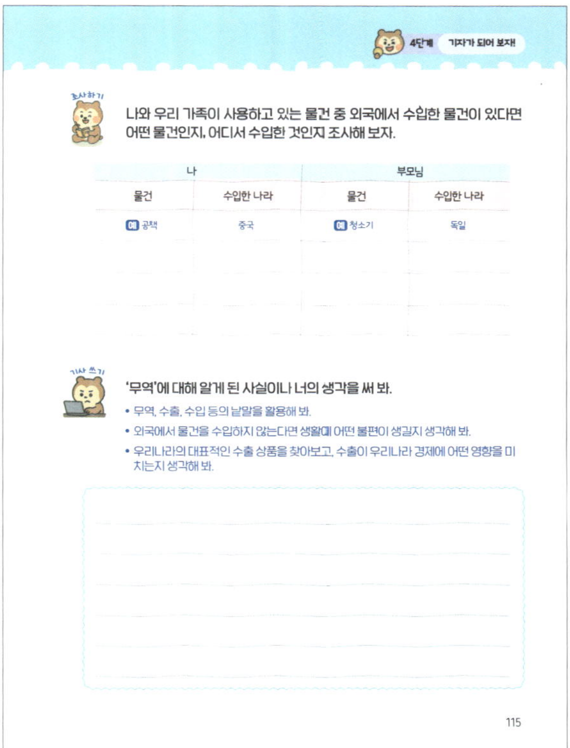
4단계 기자가 되어 보자!

조사하기

나와 우리 가족이 사용하고 있는 물건 중 외국에서 수입한 물건이 있다면 어떤 물건인지, 어디서 수입한 것인지 조사해 보자.

나		부모님	
물건	수입한 나라	물건	수입한 나라
예 공책	중국	예 청소기	독일

기사 쓰기

'무역'에 대해 알게 된 사실이나 너의 생각을 써 봐.

- 무역, 수출, 수입 등의 낱말을 활용해 봐.
- 외국에서 물건을 수입하지 않는다면 생활에 어떤 불편이 생길지 생각해 봐.
- 우리나라의 대표적인 수출 상품을 찾아보고, 수출이 우리나라 경제에 어떤 영향을 미치는지 생각해 봐.

115

- 기사를 읽고 연관 지어 알아볼 내용을 조사해 봐요. 가볍게 조사하면 돼요!
- 앞에서 배운 경제 키워드와 위에서 한 조사를 통해 알게 된 사실과 나의 생각을 글로 써 봐요.

- '조사하기'에서는 활동 내용에 따라 인터넷에서 검색해 보거나, 부모님이나 친구들과 이야기를 나누거나, 다른 책을 통해 조사해요.
- 글을 쓸 때는 가벼운 마음으로 자유롭게 써 보세요.

차례

PART 3 나라 살림과 경제

PART 4 세계 경제 속 우리나라

PART 5 새로운 기술과 미래 사회

어린이 독자 여러분에게

만약 타임머신을 타고 초등학생으로 다시 돌아간다면, 저는 학교 공부 말고도 다른 것을 열심히 하고 싶어요. 바로 경제 공부 말이에요. 세상이 경제 논리에 의해 어떻게 움직이고, 돈이 어떤 규칙으로 돌아다니는지 몰랐고, 사실 관심도 없었거든요. 경제에 대해 잘 알았다면 세상에 대해서도 더 잘 알 수 있었을 텐데 말이에요.

『초등 3학년부터 시작하는 어린이 경제 신문』은 독자 여러분이 미래에 더 유능하고 똑똑한 어른으로 성장하길 바라는 마음에서 탄생했어요. 경제 기사를 읽으며 여러분을 둘러싼 세상을 보다 잘 이해하길 바랍니다. 그 과정에서 문해력도 한층 커지면 금상첨화겠지요.

한국경제신문 주니어 생글생글 문혜정 기자

『초등 3학년부터 시작하는 어린이 경제 신문』은 다양한 경제 기사를 통해 여러분이 경제를 쉽고 재미있게 이해할 수 있도록 만든 책이에요. 경제라고 하니 벌써 어렵고 따분하게 느껴지나요? 하지만 경제는 생각보다 훨씬 가까이에 있어요. 편의점에서 과자를 고르는 것도, 외식 메뉴를 정하는 것도, 은행에 예금하는 것도 모두 경제 활동이거든요. 그래서 경제를 이해하면 일상의 사소한 일부터 인생의 중요한 선택까지 현명하게 판단하고 올바르게 결정하는 힘을 기를 수 있어요.

이 책을 한 장, 한 장 읽어 나갈수록 세상이 어떻게 돌아가는지, 사람들은 어떻게 생각하고 행동하는지 더 잘 이해할 수 있을 거예요. 준비됐다면 이제 다 함께 경제의 세계로 떠나 봅시다!

한국경제신문 주니어 생글생글 유승호 기자

경제 신문을 펼치기 전에

경제가 어렵다고 생각했니?

그렇다면 이 책을 펼치기로 한 건
잘한 선택이야!

왜냐하면 이 신문에는
너와 가장 가까우면서도,
네가 알아야 할 중요하고도 재미있는
경제 이야기들이 가득하거든.

일주일에 세 번!
우리 이만큼만 함께 신문을 읽어 보며
기자가 되어 보자!

__________________ 기자

PART 1

나의 생활 속 경제

소득이 늘었는데도 돈을 아낀다고요?

ⓒ 게티이미지코리아

사람이 살아가려면 필요한 물건을 돈을 내고 사야 해요. 이런 활동을 소비라고 해요. 최근 우리 국민의 소비 활동이 활발하지 않고 점점 둔해지고 있어요.

국가데이터처가 발표한 자료에 따르면 2025년 7월부터 9월까지 3분기 가계 소비 *지출이 1년 전보다 1.3% 늘어나는 데 그쳤어요. 소비 지출 증가율이 점점 낮아지고 있다는 뜻이에요.

특히 의류나 신발에 쓴 돈이 가장 크게 감소했어요. 멋을 부리는 데 쓰는 돈을 줄이고 꼭 필요한 일에만 돈을 썼다고 볼 수 있지요. 교통비와 교육비도 줄었어요. 반면, 식료품 구입과 외식에 쓴 돈은 증가했어요. 식료품 물가와 외식 가격이 올랐기 때문이에요. 이에 따라 가계 소비 지출 중 식료품비가 차지하는 비율을 뜻하는 엥겔 지수는 1년 전과 비교해 높아졌어요.

가계 지출은 줄었지만 가계 소득은 1년 전보다 3.5% 늘었어요. 소득이 늘어난 데 비해 소비는 별로 늘리지 않았다고 할 수 있어요.

이렇게 사람들이 돈을 많이 쓰지 않고 아끼는 이유는 앞으로 경제 사정이 나빠질 것으로 예상하기 때문이에요. 살림살이가 어려워질 것에 대비해 씀씀이를 줄이고 돈을 저축해 두려는 심리이지요.

고소득층과 저소득층의 소득 차이도 예전보다 더 커졌어요. 소득이 높은 *상위 20% 가정의 소득은 늘었지만, 소득이 낮은 *하위 20% 가정의 소득은 줄어서 고소득층과 저소득층의 차이가 약 6배 이상 벌어졌다고 해요.

* 지출: 어떤 목적으로 돈을 씀. 또는 그렇게 쓰는 돈.
* 상위: 높은 위치나 지위.
* 하위: 낮은 위치나 지위.

경제 상식 채우기

엥겔 지수란?

한 가정의 총 소비 지출에서 식료품비가 차지하는 비율을 뜻하는 경제 지표야. 예를 들어, 한 달에 100만 원을 썼는데 그중 30만 원을 식료품 구입과 외식에 썼다면 엥겔 지수가 30%야. 엥겔 지수는 소득 수준이 낮을수록 높아지는 경향이 있어. 식료품은 살아가는 데 꼭 필요한 것이라서 소득 수준이 낮아도 구입해야 하기 때문이지.

사실 확인하기

이 기사를 읽고 남긴 메모 중 잘못된 내용을 찾아 동그라미 쳐 봐.

소득이 늘어난 데 비해 소비는 많이 늘지 않고 있어요.	사람들이 소비를 줄이는 이유는 앞으로 경제 상황이 좋아질 것으로 예상하기 때문이에요.	전체 소비 지출에서 식료품에 쓰는 돈이 많아지면 엥겔 지수가 높아져요.

적용하기

기사를 참고해 우리 가족의 소비 생활에 대해서 써 봐.

예 우리 가족은 이번 달에 외식을 2번 했어요. 지난달보다 더 적게 외식을 한 거예요.

- 우리 가족은 이번 달에 외식을 ( ) 번 했어요. 지난달보다 더 외식을 ( ) 한 거예요.
- 우리 가족은 다른 가족과 비교하면 식비에 돈을 ( ) 쓰는 편이에요.
- 나는 지난달보다 용돈을 ( ) 썼어요.

어휘 살펴보기

초성과 뜻을 보고 낱말을 맞혀 봐. 낱말들은 모두 기사에 나와 있어!

ㅅ ㅂ	ㄱ ㄱ	ㅅ ㄷ
돈이나 시간, 노력 따위를 써서 없앰.	한 가정의 집안 살림, 경제생활 단위로서의 가정.	일하거나 사업해서 벌어들인 돈.
한자 사라지다 消 쓰다 費	한자 집 家 세다, 계산하다 計	한자 방법, 방도 所 얻다 得

정답 두 번째 | 자유롭게 쓰기 | 소비, 가계, 소득

개인의 경제생활은 가족 단위로 이루어져.
이때 경제생활 단위로서의 한 가정을 '가계'라고 불러.

소득

일한 대가로 얻는 물질적 이익, 즉 돈을 말해.

→

가계 경제

한 가정이 소득과 지출을 통해 꾸려 나가는 경제생활이야. 가계 경제가 잘 굴러가야 나라 전체의 경제가 좋아져.

←

지출

어떤 목적을 위하여 돈을 지급해.

꼭 알고 가는 게 좋을걸?

- 가계는 경제생활의 기본 단위야.
- 가계는 일하거나 사업한 대가로 소득을 얻고, 그 소득으로 생활을 꾸려 나가.
- 가계는 소득으로 생활에 필요한 물건을 구입해. 이런 것을 소비라고 하는데, 학용품과 장난감을 구입하고 학원비를 내는 것이 모두 소비야.

조사하기

지난주와 이번 주 나의 소비 활동이 어떻게 달라졌는지 비교해 보자. 기억나는 것만 써도 돼.

날짜	(+) 소득	(-) 지출	느낀점
지난주	예 어린이날 용돈 3만 원	예 아이스크림 2개 3,000원	예 아이스크림이 비쌌다.
이번 주			

기사 쓰기

'가계 경제'에 대해 알게 된 사실과 너의 생각을 써 봐.

- 가계, 소비, 소득 등의 낱말을 활용해 봐.
- 나의 소비 활동이 지난주 또는 지난달과 비교해 어떻게 달라졌는지 살펴봐.
- 소비가 줄었다면 왜 줄었는지, 늘었다면 왜 늘었는지 생각해 봐.

미래를 위해 돈을 모아요

© 게티이미지코리아

돈은 쓰는 것만큼 모으는 것도 중요해요. 무작정 돈을 다 쓰고 나면 필요할 때 하나도 남아 있지 않으니까요. 저축은 돈을 쓰지 않고 모아두는 것을 말해요.

어린이가 받는 용돈이나 어른들이 일하고 받는 월급은 금액이 정해져 있어요. 그래서 어디에 어떻게 쓸지 계획을 세우고 나중에 쓰게 될지도 모르는 지출에 대비해 저축하는 습관을 가져야 해요.

돼지 저금통이나 지갑에 넣어 모을 수도 있지만 은행에서 입출금 통장을 만들어 저축하는 방법이 가장 좋아요. 은행은 저축한 돈을 안전하게 지켜 주기 때문에 잃어버릴 걱정을 하지 않아도 돼요. 필요할 때 통장에 저축한 돈은 꺼내서 쓸 수도 있어요. 돈을 맡긴 기간과 저축한 금액에 따라 *이자도 얹어 줘요.

사람마다 가지고 있는 돈의 양과 저축하는 목표가 달라요. 그래서 은행은 여러 종류의 상품을 마련해 놓고 있어요. 은행에 돈을 맡겨 놓고 아무 때나 찾을 수 있는 '보통 예금', 돈을 차곡차곡 모으면서 목표 금액을 채울 때까지 찾지 않는 '정기 *적금'이 대표적이에요. 당장 쓸 일이 없는 목돈을 일정 기간 은행에 맡기고 싶어 하는 사람은 '정기 예금'을 활용해요. 돈을 쉽게 맡기고 찾을 수 있는 보통 예금은 이자가 낮은 편이에요. 반면, 돈을 오랫동안 찾아가지 않는 정기 적금이나 정기 예금은 이자가 보통 예금보다 높아요.

우리나라에서는 은행이 망하더라도 예금한 사람의 돈을 보호해 주는 예금자 보호 제도를 운영하고 있어요.

* 이자: 남에게 돈을 빌려 쓰고 그 대가로 일정하게 내는 돈.
* 적금: 은행에 일정한 기간 동안 돈을 맡겨 두는 저금 방법.

경제 상식 채우기

저축과 이자

저축 상품에 따라 이자가 다른 이유가 뭘까? 먼저 한국은행이 정한 기준 금리가 높으냐, 낮으냐에 따라 은행이 고객에게 지급하는 이자가 달라져. 오랫동안 은행에 돈을 맡기는 저축 상품인, 정기 적금이나 정기 예금으로 돈을 받은 은행은 이 돈을 다른 사람들에게 빌려주고 이자 수입을 얻을 수 있어. 그래서 입출금이 자유로운 보통 예금보다 이자율이 높아.

사실 확인하기

이 기사를 읽고 남긴 메모 중 잘못된 내용을 찾아 동그라미 쳐 봐.

돈을 은행에 맡기면 잃어버릴 걱정이 없어요.

은행이 망한다면 맡긴 돈을 찾을 수 없어요.

보통 예금보다 정기 적금의 이자가 높은 경우가 많아요.

적용하기

다음 낱말 카드를 활용해 빈칸을 채워 봐.

소비 | 은행 | 적금 | 저축 | 학교

- (   )은/는 미래에 필요할지 모를 지출에 대비해 돈을 모으는 거예요.
- 돈을 (   )에 맡기면 안전하고 편리하게 모을 수 있어요.
- 정기 (   )은/는 목표 금액을 채울 때까지 돈을 찾지 않는 거예요.

어휘 살펴보기

초성과 뜻을 보고 낱말을 맞혀 봐. 낱말들은 모두 기사에 나와 있어!

ㅇ ㄱ
은행이나 우체국 등에 돈을 맡기는 일.
한자 미리 預
돈 金

ㅈ ㅊ
어떤 목적을 위해 돈을 쓰는 일.
한자 지탱하다 支
나가다 出

ㅇ ㅊ ㄱ
돈을 은행에 저금하고 찾는 일.
한자 들이다 入, 나가다 出
돈 金

정답 … 저축, 은행, 적금 | 예금, 지출, 입출금

금융 기관마다 다양한 이율의 적금이나 예금 상품을 가지고 있어.
어떤 상품인지 꼼꼼히 살펴보고 상품에 가입해야 해.

저축 상품

금융 기관마다
각각 다른 이율의 적금이나
예금 상품을 가지고 있어.
얼마나 오래 돈을 맡겨 둘 것인지,
이자율은 얼마인지 살펴보고
상품에 가입해야 해.

적금

달마다 정해진 금액의 돈을
차곡차곡 모으는 저축 방법이야.

예금

정해진 기간 동안 한꺼번에
큰돈을 맡겨 놓는 저축 방법이야.

꼭 알고 가는 게 좋을걸?

- 은행이 예금에 적용하는 이자는 '단리'와 '복리'로 나뉘어.
- 단리는 처음 빌린 돈에 대해서만 정해진 이자를 붙이는 방식이야. 단리로 계산하면 1년을 맡기든, 10년을 맡기든 매년 똑같은 이자가 붙어.
- 복리는 처음 빌린 돈에 이자를 합한 금액에 이자를 주는 거야. 단리보다 훨씬 더 많은 이자가 쌓이겠지?

다음 적금과 예금 상품을 비교해 보고, 문장의 빈칸을 채워 봐.

하늘 적금	구름 적금	태양 예금
· 매달 30만 원부터 넣을 수 있어요. · 기간은 1년, 2년 중에 고를 수 있어요. · 오래 넣을수록 이자가 더 붙어서 꾸준히 돈을 모으는 습관을 기르는 데 좋아요.	· 매달 5만 원부터 넣을 수 있어요. · 기간은 6개월이에요. · 짧게 모아도 이자가 붙기 때문에, 용돈을 시험 삼아 모아 보기에 딱 맞아요.	· 500만 원 이상 한 번에 맡겨야 해요. · 기간은 1년이에요. · 중간에 돈을 찾을 수 없지만, 기간이 다 되면 이자가 많이 붙어 더 큰돈으로 돌려받을 수 있어요.

1 6개월 동안 매달 최소 5만 원 이상을 넣어야 하는 상품은 ______________ 이에요.

2 한꺼번에 가장 많은 돈을 맡겨야 하는 상품은 ______________ 이에요.

'저축'에 대해 알게 된 사실과 너의 생각을 써 봐.

- 지출, 정기 적금, 예금 등의 낱말을 활용해 봐.
- 은행에 저축을 할 때 적금을 들고 싶은지, 예금을 들고 싶은지 써 봐.
- 저축을 한 경험이 있다면, 저축하면서 느낀 성취감과 앞으로의 계획도 생각해 봐.

정답 구름 적금, 태양 예금

금리가 내려가면 집 구매가 많아져요

© 게티이미지코리아

*금리가 내려가면 돈을 빌린 사람들의 부담이 줄어요. 은행에 갚아야 할 이자가 감소하기 때문이에요.

집을 살 때처럼 큰돈이 필요할 때 사람들은 은행에서 돈을 빌려요. 기업들은 공장을 짓거나 새로운 사업을 시작하기 위해 돈을 빌리지요. 이렇게 돈을 빌리고 빌려주는 것을 대출이라고 해요. 대출을 받으면 원금에 이자를 더해서 갚아야 해요. 만약 100만 원을 빌렸다면 100만 원이 원금이에요. 그리고 100만 원에 일정 금액의 이자가 붙어요. 이자는 돈을 빌린 대가라고 할 수 있어요. 이때 원금에 대한 이자의 비율을 대출 금리라고 해요. 만약 대출 금리가 10%라고 하면 100만 원을 빌렸을 때 갚아야 하는 이자는 10만 원이 되는 거예요.

대출 금리는 경제 상황에 따라 오르고 내리기를 반복한답니다. 대출 금리가 내리면 돈을 빌리는 대가로 갚아야 할 이자가 줄어들어요. 그래서 금리가 하락할 땐 큰돈을 빌리는 사람이 늘어나는 경향이 있어요. 그래서 집을 사려는 사람들이 많아지는 거예요.

집을 사는 사람이 많아지면 집값이 크게 오르기도 하지요. 반대로 금리가 상승하면 갚아야 하는 이자가 커지니까 대출을 받는 사람이 줄어들 수 있어요.

이렇게 금리 변동에 따라 사람들이 돈을 더 빌리기도 하고 덜 빌리기도 해요. 또 그 결과로 경제에 여러 가지 변화가 나타나지요. 금리가 어느 방향으로 움직이는지만 살펴봐도 경제 현상을 더 잘 이해할 수 있어요.

* 금리: 금융 기관에서 빌린 돈이나 예금에 붙는 이자 또는 이자 비율.

경제 상식 채우기

신용 점수

금융 거래를 할 때 얼마나 믿을 만한 사람인지를 평가한 점수야. 빌린 돈을 제때 잘 갚았는지, 대출을 너무 많이 받고 있지는 않은지 등의 여러 기준으로 점수를 매겨. 신용 평가 전문 회사가 평가하는데 만점은 1,000점이야. 신용 점수가 높으면 더 낮은 금리로 대출을 받을 수 있어.

사실 확인하기

이 기사를 읽고 남긴 메모 중 잘못된 내용을 찾아 동그라미 쳐 봐.

집을 사는 사람이 많아지면 집값이 올라요.	대출 금리는 경제 상황에 따라 오르기도 하고 내리기도 해요.	금리가 내려가면 돈을 빌리려는 사람이 줄어들어요.

적용하기

기사를 참고해 다음 빈칸에 알맞은 숫자를 써 봐.

은행에서 50만 원을 빌렸는데, 돈을 갚을 때에는 1만 원을 더해서 갚아야 한다면, 원금은 [   ] 만 원이고, 이자는 [   ] 만 원이에요.

어휘 살펴보기

초성과 뜻을 보고 단어를 맞혀 봐. 단어들은 모두 기사에 나와 있어!

ㅇ ㄱ	ㅂ ㅇ	ㅂ ㄷ
원래의 금액.	어떤 수나 양의 크기를 비교한 것.	바뀌어 달라짐.
한자 으뜸 元, 쇠 金	한자 견주다 比, 비율 率	한자 변하다 變, 움직이다 動

금융 기관에서 돈을 빌리는 걸 대출이라고 해.
대출을 받으면 원금에 이자를 더해서 갚아야 해.

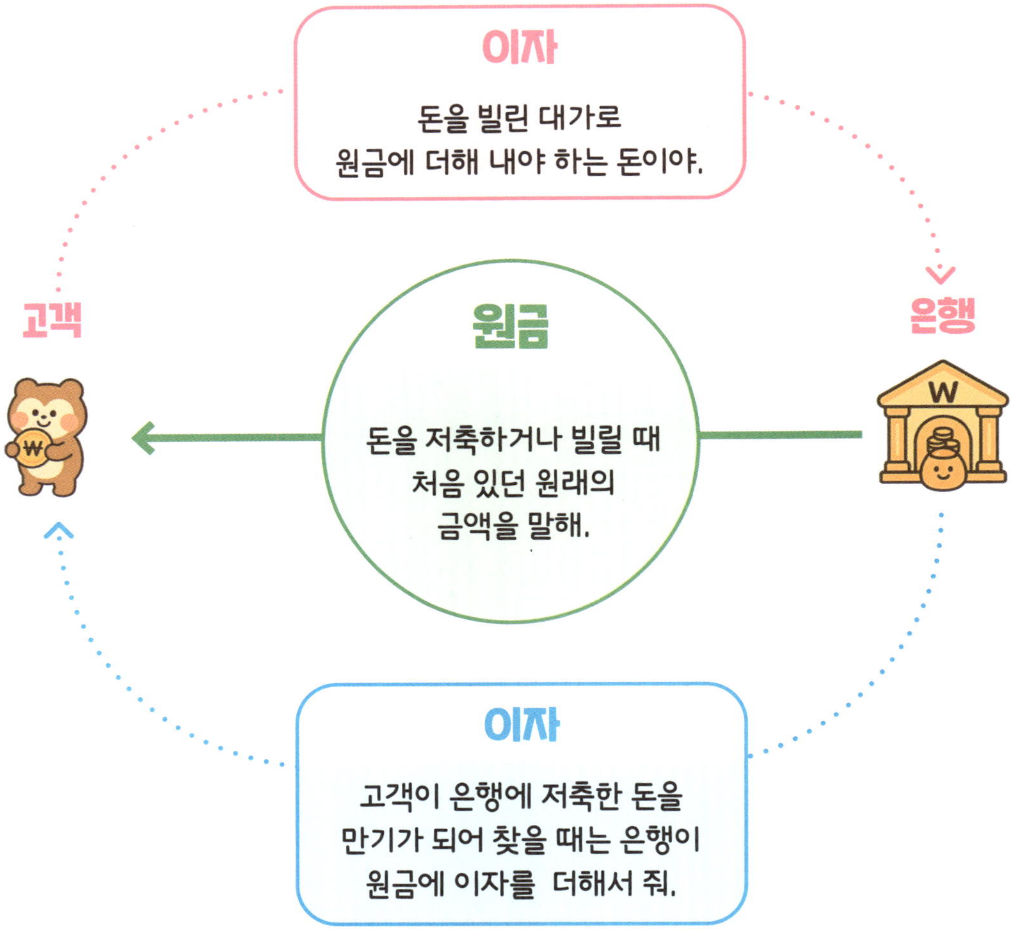

꼭 알고 가는 게 좋을걸?

- 은행에서 돈을 빌리면 원금에 일정 비율의 이자까지 더해서 갚아야 해.
- 대출 금리는 경제 상황에 따라 오르기도 하고 내리기도 하는데, 금리가 내리면 은행에 내야 할 이자가 적어지고, 금리가 오르면 이자가 많아져.
- 대출 금리는 개개인의 신용 점수에 따라서도 달라져. 신용 점수가 높을수록 낮은 금리에 돈을 빌릴 수 있어.

조사하기

이웃집 별이네 가족 이야기를 살펴보고, 어떤 경제 현상이 벌어졌는지를 다음 문장의 빈칸을 채워 봐.

별이네 가족이 다른 동네로 이사 가게 되었어요. 집을 사려면 돈이 많이 필요했지만 모아 둔 돈만으로는 부족했어요. 그래서 은행에서 대출을 받기로 했어요. 은행은 별이네에게 "빌린 돈(원금)에 이자를 붙여 갚아야 해요."라고 설명해 줬어요. 그런데 요즘 대출 금리가 높아져서 나중에 갚아야 할 돈이 훨씬 많아질 수도 있지요. 별이 아빠는 "금리가 좀 내려갈 때까지 기다릴까?" 고민했어요. 결국 별이네는 전셋집으로 먼저 이사 가고, 나중에 집을 사기로 했답니다.

→ 별이네는 집을 사기 위해 돈을 빌리려 했지만, ______________ 이/가 올라서 우선 전셋집에 들어가기로 했어요.

기사 쓰기

'대출'과 '이자'에 대해 알게 된 사실이나 너의 생각을 써 봐.

- 대출, 금리, 이자 등의 단어를 활용해 봐.
- 금리가 오르거나 내리면 이자가 어떻게 달라지는지 생각해 봐.
- 금리 변동에 따라 사람들의 행동이 어떻게 달라질지 생각해 봐.

빵값이 또 올랐어요!

© 게티이미지코리아

요즘 마트에 가면 "물가가 너무 올랐네." 하는 불만이 많이 들려요. 과일, 고기 등 *식료품 가격과 외식비뿐 아니라 교통비, 전기 요금 등이 계속 인상되면서 소비자들이 어려움을 겪고 있어요.

국가데이터처에 따르면 소비자 물가가 작년(2024년)부터 꾸준히 오르고 있다고 해요. 소비자 물가란, 소비자가 구입하는 모든 상품, 서비스의 가격의 평균을 말해요. 이 소비자 물가가 올해 들어 매달 2%씩 꾸준히 올랐어요. 한국경제신문이 한국소비자원과 지난 2월 대형마트, 편의점, 슈퍼마켓 등에서 판매하는 상품의 평균 가격을 조사한 결과, 전체 상품의 절반 정도는 2개월 전보다 비싸졌어요. 예를 들어 2024년 12월 말, 1,500원에 사 먹은 소보로빵이 2025년에는 1,600원이 됐어요. 2025년 1월부터 4월까지 매달 물가를 조사했더니 모두 작년보다 올랐어요.

물가가 오르는 데에는 여러 이유가 있어요. 먼저, 폭염, 가뭄, 홍수 등 이상 기후로 농산물 수확량이 줄면서 가격이 오를 수 있어요. 또, 환율이 오르면, 외국에서 수입해 오는 상품의 가격이 그만큼 비싸져요. 인건비가 올라도 상품이나 서비스를 제공하는 비용이 증가해 물가가 오르지요.

*시중에 돈이 많아져도 물가가 올라요. 코로나19 시기에 세계 각국 정부가 국민에게 지원금을 나눠줬는데, 이때 물가가 많이 올랐지요. 이렇게 물가가 일정 기간 지속해서 오르는 현상을 '인플레이션'이라고 해요. 인플레이션 현상이 계속되면 나라에서는 물가를 안정시키기 위해 여러 방법을 고민해요.

* 식료품: 음식의 재료가 되는 먹을거리.
* 시중: 사람들이 생활하는 공개된 공간을 부르는 말.

경제 상식 채우기

'OO플레이션' 신조어

일정 기간 물가가 계속 오르는 '인플레이션(inflation)'이란 용어는 다른 말과 합쳐져 'OO플레이션'으로 많이 사용돼. 요즘 식당에 가서 한 끼를 사 먹으려면 가격이 1만 원을 훌쩍 넘어. 이런 현상을 '런치플레이션'(lunch+inflation)이라고 해. 설탕 가격이 올라서 설탕이 들어간 식품 가격이 오르는 것을 '슈거플레이션(sugar+inflation)'이라고도 하지.

사실 확인하기

이 기사를 읽고 남긴 메모 중 올바른 내용을 찾아 동그라미 쳐 봐.

올해 빵과 채소 등 식료품값이 작년보다 내렸어요.	물가가 오르면 용돈이나 생활비가 더 많이 필요해요.	이상 기후나 환율 변동은 물가와는 아무 상관이 없어요.

적용하기

물가가 내려가고 올라가는 원인을 생각해 보고, 다음 빈칸에 올라가는 것은 ↑를, 내려가는 것은 ↓을 써 봐.

예 기온이 ↑이면 양산을 사는 사람은 ↑이에요.

1 농산물이 나오는 양이 [ ] 이면 농산물 가격은 ↑이에요.

2 시중에 돈이 ↓이면, 물가는 [ ] 이에요.

어휘 살펴보기

초성과 뜻을 보고 단어를 맞혀 봐. 단어들은 모두 기사에 나와 있어!

[ ][ ]	[ ][ ][ ]	[ ][ ]
다른 나라로부터 상품 등을 사들이는 것.	사람을 고용하거나 일을 시키는 데 드는 비용.	물건값이나 월급, 요금 따위를 올리는 것.
한자 보내다, 실어나르다 輸 / 들이다 入	한자 사람 人, 물건 件 / 쓰다, 소비하다 費	한자 끌다, 당기다 引 / 위 上

정답 둘째 | ↓, ↓ | 수입, 인건비, 인상

물가는 물건의 값을 말해. 물가는 다양한 이유로 오르고 내려.

물가

여러 물건이나 서비스의 가치(가격)를 종합적으로 계산한 거야.

인플레이션

일정 기간 물가가 계속 오르는 현상이야.

인건비

사람을 부리는 데 쓰는 돈을 말해. 인건비가 오를수록 물가가 올라.

생산 비용

물건이나 서비스를 만들 때 쓰는 돈을 말해. 인건비가 오르면 생산 비용이 올라가.

꼭 알고 가는 게 좋을걸?

- 물가는 한 나라의 전체 물가를 계산하기도 하고, 식품 물가, 외식 물가, 수입 물가 등으로 나눠서 살펴보기도 해.
- 물가가 얼마나 올랐는지 비교할 때, 직전 달이나 작년의 같은 기간과 주로 비교해. 예를 들어 2025년 5월 농축산물 물가는 2025년 4월보다 0.6% 올랐고, 2024년 같은 달(5월)과 비교하면 4% 올랐다고 나타내는 거야.

조사하기

냉장고에 있는 상품들의 가격을 조사해 보자. 상품의 포장지나 영수증을 확인해 봐!

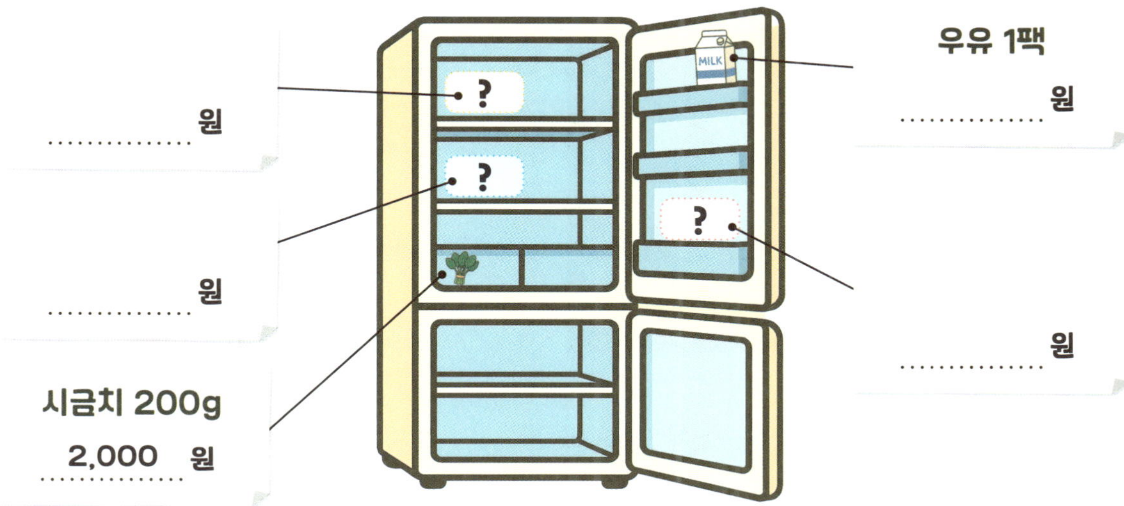

기사 쓰기

'물가'에 대해 알게 된 사실과 너의 생각을 써 봐.

- 값, 가격, 소비, 비교, 물가 등의 낱말을 활용해 봐.
- 어떻게 하면 돈을 절약할 수 있을지 생각해 봐.
- 온라인 쇼핑몰과 마트의 물가를 비교하고, 물가가 다른 이유를 써 봐.

미국 블랙 프라이데이 구매액이 역대 최대!

© 게티이미지코리아

'블랙 프라이데이'에 대해 들어본 적 있나요? 블랙 프라이데이는 미국의 추수감사절 다음날 금요일에 열리는 대규모 할인 행사예요. 블랙 프라이데이에 기업들은 재고를 정리하고, 소비자들은 큰 폭으로 할인된 상품을 구매할 수 있어요. 2025년 11월, 미국에서 블랙 프라이데이의 온라인 전체 구매액이 약 17조 3,000억 원을 기록했어요. 이 수치는 역대 최대 수치라고 해요. 이렇게 물건을 원래 가격보다 할인해서 싸게 판매하는 것을 세일이라고 해요.

세일은 기업이 상품 판매를 늘리기 위해 벌이는 판촉 활동이에요. 물건을 한 개 사면 한 개를 더 주는 '원 플러스 원', 두 개를 사면 하나를 더 주는 '투 플러스 원' 같은 행사도 판촉이라고 할 수 있어요.

기업은 물건을 비싸게 팔수록 이익인데 왜 할인해서 판매하는 걸까요? 사람들은 가격이 오르면 물건을 사려 하지 않고, 가격이 내리면 물건을 많이 사려고 해요. 이런 것을 수요의 법칙이라고 해요. 세일은 바로 이 *수요의 법칙을 활용한 판매 방식이에요. 가격을 내리면 사람들이 물건을 더 많이 사서 판매량이 늘어요. 그러면 물건을 싸게 팔아도 기업이 얻는 전체 이익은 늘어날 수 있어요.

그렇다면 기업은 주로 어떤 물건을 싸게 판매할까요? 우선 철이 지난 상품을 할인해서 판매하는 경우가 많아요. 예를 들어, 2월에는 봄을 앞두고 겨울옷을 사려는 사람은 없어서 가격을 많이 내려서 구매를 *유도해요. 또 신제품이 나왔을 때 원 플러스 원 행사를 하기도 해요. 새로 나온 제품을 소비자에게 빨리 알리기 위한 판촉 활동이지요.

세일을 많이 하는 것이 반드시 좋은 일은 아니에요. 기업들이 물건을 싼값에라도 팔려고 한다는 것은 그만큼 경기가 안 좋다는 뜻이니까요.

* 수요: 어떤 물건을 일정한 가격으로 사려고 하는 욕구.
* 유도: 사람이나 물건을 목적한 방향으로 이끎.

경제 상식 채우기

수요의 법칙

물건의 가격이 오르면 사람들이 구매하려는 양, 즉 수요량이 줄어들고, 반대로 가격이 내리면 수요량이 늘어나는 법칙을 말해. 물건 가격이 오르면 같은 돈으로 살 수 있는 물건의 개수가 줄어드니까 덜 사려고 하겠지? 또 물건값이 싸지면 같은 돈으로 살 수 있는 개수가 늘어나니까 더 사려고 하는 거야.

사실 확인하기

이 기사를 읽고 남긴 메모 중 잘못된 내용을 찾아 동그라미 쳐 봐.

기업들은 판매를 늘리기 위해 세일 같은 판촉 활동을 해요.	기업들이 원 플러스 원 행사를 하면 손해를 보게 돼요.	물건 가격이 내려가면 그 물건을 사려는 사람이 많아져요.

적용하기

다음 내용과 관련된 법칙의 이름은 무엇인지 기사에서 찾아서 써 봐.

아이스크림이 1개에 2,000원일 때는 잘 안 팔렸는데, 3개에 5,000원에 묶어서 파니까 불티나게 팔렸어요.

____________ 의 법칙

어휘 살펴보기

초성과 뜻을 보고 낱말을 맞혀 봐. 낱말들은 모두 기사에 나와 있어!

ㅎ ㅇ	ㅍ ㅊ	ㄱ ㄱ
정한 값에서 얼마를 뺌.	판매가 늘어나도록 하는 다양한 활동.	경제 활동의 종합적인 상태.
한자 자르다, 나누다 割 끌다, 이끌다 引	한자 팔다 販 재촉하다 促	한자 햇빛 景 기운 氣

정답 2번째 | 수요 | 할인, 판촉, 경기

기업이 물건을 더 많이 판매하기 위해 노력하는 여러 활동을 판촉이라고 해.
30%, 50% 할인 판매나 텔레비전, 신문 등에 광고하는 것 모두 판촉 활동에 속해.

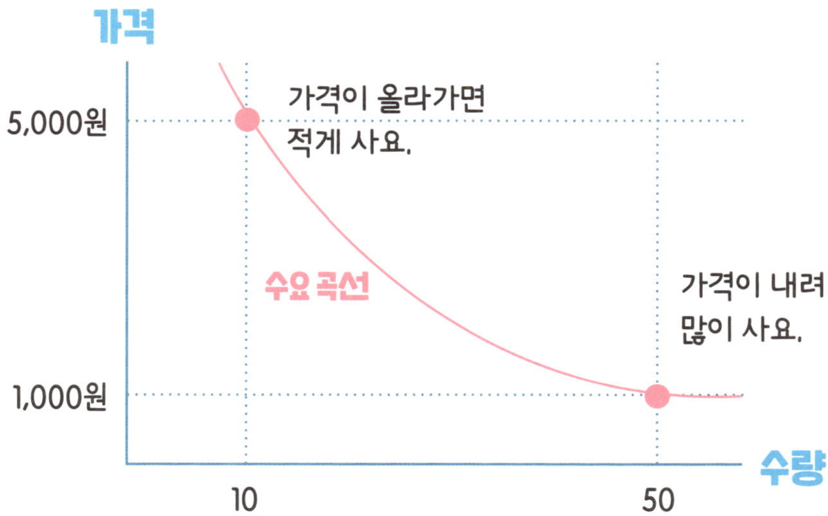

꼭 알고 가는 게 좋을걸?

- 세일은 기업이 물건을 원래 가격보다 싸게 판매하는 거야.
- 가격을 내리면 기업은 물건을 더 많이 팔아 이익을 늘릴 수 있지.
- 세일을 많이 하는 게 꼭 좋은 일만은 아니야. 경기가 좋지 않아 할인 판매하는 것일 수도 있거든.

조사하기

동네 편의점이나 마트, 온라인 쇼핑몰에서 하고 있는 판촉 활동은 무엇이 있는지 조사해 봐. 집에 있는 홍보 전단지를 찾아봐도 좋아!

1+1 이나 2+1 같이 할인하는 상품	30%나 50%와 같이 할인하는 상품	기타
예 마트에서 아이스크림 3개를 샀더니 1개를 공짜로 줬다.		

기사 쓰기

'판촉'에 대해 알게 된 사실이나 너의 생각을 써 봐.

- 세일, 판촉, 할인 등의 낱말을 활용해 봐.
- 기업들이 왜 판촉 활동을 하는지 다시 한번 생각해 봐.
- 할인하는 상품을 사는 게 무조건 좋을지 생각해 봐.

휴대폰 덕분에 '오픈런' 하지 않아도 돼요

© 게티이미지코리아

옛날에는 인기 있는 빵집의 빵을 먹으려면 가게 오픈 시간에 맞춰 줄을 서 기다렸다가 사서 먹어야 했어요. 하지만 요즘은 온라인 쇼핑몰에 이런 인기 있는 빵집들이 많이 들어와 있어서 굳이 '*오픈런'을 하지 않아도 돼요. 이처럼 휴대폰이나 개인 컴퓨터를 이용해 물건을 사고파는 전자 상거래 시장은 점점 커지고 있어요.

국가데이터처가 발표하는 '온라인 쇼핑 *동향 조사'에 따르면 2025년 매달 약 22조 원 규모의 거래가 온라인으로 이뤄지고 있다고 해요. 이 숫자는 해마다 증가하고 있으며 *모바일을 통한 구매가 대부분을 차지하고 있답니다. 손 안의 작은 기기 하나로 물건을 고르고 결제까지 할 수 있는 편리함이 사람들의 생활 습관을 바꿔 놓은 거예요.

온라인 쇼핑이 널리 퍼지면서 동네 가게는 문을 닫는 곳이 생기고 있어요. 직접 매장을 찾아가 물건을 사지 않고 집에서 편리하게 주문하기 때문이에요. 길거리를 다니다 보면 비어 있는 매장 유리창에 '임대 문의'라고 쓰여 있는 것을 본 적이 있나요? 장사가 잘 되지 않아서 가게를 내놓았다는 것을 의미해요. 대형 마트와 백화점도 사정이 다르지 않아요. 특히 인구가 줄고 있는 지방의 경우 장사가 더 잘 안 되고 있답니다.

온라인 소비가 늘어나면서 산업 구조와 일상생활에도 크고 작은 변화가 생기고 있어요. 앞으로는 더 많은 물류 시스템과 디지털 결제가 우리 생활에 자리 잡게 될 거예요. 변화하는 소비 방식에 맞춰 사회도 함께 적응해 나가야 해요.

* 오픈런: 가게가 문을 열자마자 물건을 사기 위해 일찍부터 줄을 서는 것.
* 동향: 개인이나 집단의 사상이나 활동, 일이 되어 가는 형편 등의 움직여 가는 방향.
* 모바일: 가지고 다니면서 사용할 수 있는 정보 통신 수단이나 기기를 두루 이르는 말.

경제 상식 채우기

해외 직구

온라인·모바일 쇼핑이 일상화되면서 다른 나라를 직접 가지 않고도 외국에서 파는 물건을 집에서 편리하게 살 수 있게 됐어. 이것을 '해외 직구(해외 직접 구매)'라고 해. 온라인 쇼핑몰을 통해 해외에서 물건을 직접 구입한다는 뜻이야. 2024년 우리나라의 온라인 해외 직구 금액은 2023년보다 19% 늘어나 7조 9,583억 원에 달했다고 해.

사실 확인하기

이 기사를 읽고 남긴 메모 중 잘못된 내용을 찾아 동그라미 쳐 봐.

마트나 가게에 직접 가는 대신 휴대폰으로 장을 보는 사람이 점점 많아지고 있어요.	전자 상거래 시장이 커져서 마트 등 동네 가게가 장사하는 데 피해를 받고 있어요.	온라인 쇼핑이 발달할수록 지방 경제가 살아나요.

적용하기

전자 상거래 시장이 커지면 대형 마트나 백화점 같은 오프라인 매장은 손님이 줄어들 수 있어. 왜 그럴까? 또, 온라인 쇼핑을 하는 대신 직접 가서 쇼핑하는 이유는 무엇일까?

____

____

____

어휘 살펴보기

초성과 뜻을 보고 낱말을 맞혀 봐. 낱말들은 모두 기사에 나와 있어!

ㅇ ㄷ	ㄱ ㄹ	ㅁ ㄹ
돈을 받고 자기의 물건을 남에게 빌려줌.	주고받음. 또는 사고팖.	필요한 양의 물품을 원하는 장소에 때맞춰 보내는 활동.
한자 품삯 賃 빌리다 貸	**한자** 가다 去 오다 來	**한자** 물건 物 흐르다 流

모바일로 쇼핑하는 사람이 많아지고 있어. 온라인 쇼핑을 하는 사람이 많아질수록 동네에 있는 가게나 마트에 방문하는 사람들은 줄어들어 폐업하기도 해.

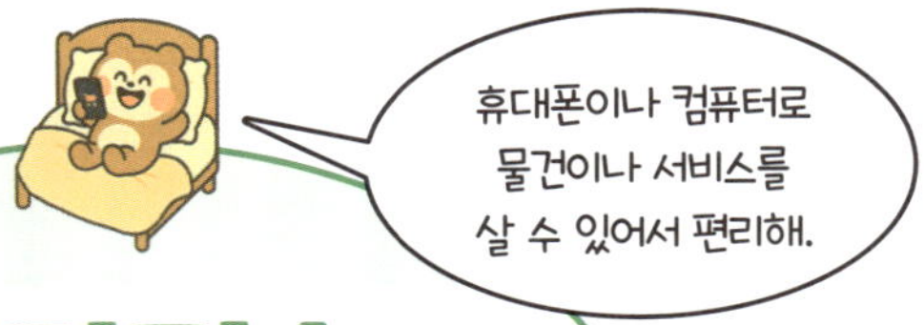

이커머스

온라인에서 물건을 사고파는 것을 말해.
전자 상거래(e-Commerce)를
영어로 줄여 부르는 말이야.

오픈 마켓

여러 판매자가 자유롭게 상품을 등록하고 판매하는 이커머스 플랫폼이야.

소셜 커머스

SNS 등 소셜 미디어와 전자 상거래를 결합한 형태의 이커머스 플랫폼이야.

종합몰

다양한 종류의 상품을 한 곳에서 구매할 수 있는 아주 큰 이커머스 플랫폼이야.

꼭 알고 가는 게 좋을걸?

- 이커머스는 현대인이 바쁜 일상에서 시간을 아낄 수 있게 해 줘.
- 스마트폰이 발달하면서 이커머스 시장은 더욱 빠르게 성장했어.
- 온라인 쇼핑을 하는 사람이 많아지면서 배송 기사나 물류 센터 직원처럼 새로운 일자리에 사람이 더 많이 필요해졌어.

조사하기

다음 인터뷰를 읽고 온라인 쇼핑몰과 경쟁하기 위한 가게들의 노력에 대해 생각해 보자.

온라인에서 쇼핑하는 사람들이 점점 많아지고 있는데,
백화점에서는 어떻게 손님을 끌어들이고 있나요?

김사장: 맞아요. 그래서 우리 백화점에서는 손님들이 직접 체험할 수 있게 하고 있어요.
옷은 직접 입어 보고, 화장품은 발라 보고, 장난감도 만져 볼 수 있답니다.

오, 온라인에서는 못 느낄 재미네요! 다른 방법도 있나요?
단골손님을 붙잡는 비결도 있을까요?

김사장: 네, 휴대폰으로 주문하고 집에 가는 길에 찾아가는 서비스도 해요. 반대로 매장에서 물건을 보고 집에 가서 주문할 수도 있고요. 단골손님에게는 특별한 서비스를 해요. 옷을 잘 고를 수 있도록 도와주기도 하고, 무거운 물건은 직접 집까지 배달해 주기도 해요.

기사 쓰기

'전자 상거래'에 대해 알게 된 사실과 너의 생각을 써 봐.

- 온라인 쇼핑이 좋은지, 직접 가게에 가서 사는 게 좋은지 생각해 봐.
- 사람들이 왜 온라인 쇼핑을 많이 하는지 그 이유를 정리해 봐.

게임을 할지 공부를 할지 선택해요

© 게티이미지코리아

학교를 마치고 집에 돌아와 가장 먼저 하는 일은 무엇인가요? 혹시 가방을 내려놓자마자 스마트폰이나 컴퓨터를 켜고 게임부터 하지는 않나요? 친구들과 메시지를 주고받거나 짧은 영상을 보고, 게임을 하다 보면 금세 시간이 지나가 버려요.

우리나라 10대 청소년의 4명 중 1명은 스마트폰 *의존이 과하다는 조사 결과가 있어요. 스마트폰은 참 편리하고 재미있는 도구지만, 게임부터 하기 전에 생각해 봐야 할 것이 있어요. 바로 '기회비용'이라는 것이에요.

기회비용은 어느 한 가지를 선택했을 때 그로 인해 포기한 것 중 가장 큰 것의 가치를 말해요. 예를 들어 게임을 하면 그 시간만큼 다른 일을 못 하게 돼요. 학교 숙제도 할 수 없고, 그날 해야 할 공부나 운동, 가족과 대화하는 시간도 미루게 돼요. 이런 것들이 게임의 기회비용이라고 할 수 있어요.

우리는 하루에도 수없이 많은 선택을 하며 살아가요. 아침에는 "조금 더 잘까? 바로 일어날까?", 주말에는 "친구와 놀까? 숙제를 할까?" 하는 것처럼 매일매일 무엇을 선택할지 고민해요.

우리에게 주어진 시간과 돈은 한정돼 있기 때문에 제한된 시간 안에 정해진 돈으로 가능한 한 많은 것을 얻으려면 무엇을 선택하고 무엇을 포기할지 잘 생각해서 합리적으로 선택해야 해요. 작은 선택이 미래의 결과를 바꿀 수 있다는 것을 기억하면 현명한 결정을 할 수 있어요.

* 의존: 어떠한 일을 자신의 힘으로 하지 못하고 도움을 받아 의지함.

경제 상식 채우기

편익과 비용

우리가 어떤 선택을 해서 얻는 만족감이나 이익을 편익이라고 해. 예를 들어 게임을 해서 재미를 느꼈다면 그 재미만큼 편익을 얻은 거야. 하지만 편익에 따른 비용도 생겨. 게임을 하려면 시간을 들여야 하고, 공부나 숙제 등 다른 일을 포기해야 하니까. 편익과 비용을 따져 비용 대비 편익이 큰 것을 선택하는 것이 합리적 선택이야.

사실 확인하기

이 기사를 읽고 남긴 메모 중 잘못된 내용을 찾아 동그라미 쳐 봐.

기회비용은 무언가를 살 때 내야 할 돈의 액수를 말해요.	합리적으로 선택하려면 기회비용을 생각해 봐야 해요.	우리에게 주어진 시간과 돈은 한정되어 있어서 합리적 선택이 중요해요.

적용하기

여러 가지 중에서 한 가지를 선택하고 다른 것은 포기해야 했던 경험에 관해 써 봐.

예 먹고 싶은 과자가 여러 개 있었는데 하나만 사고 다른 것은 살 수 없었어요.

어휘 살펴보기

초성과 뜻을 보고 낱말을 맞혀 봐. 낱말들은 모두 기사에 나와 있어!

ㅇ ㄷ	ㅎ ㅈ	ㅎ ㄹ ㅈ
이익을 얻음. 또는 그 이익.	수량이나 범위가 제한됨.	논리나 이치에 알맞은 것.
한자 이롭다 利 얻다 得	한자 한정하다 限 정하다 定	한자 합하다 合 다스리다 理 과녁 的

합리적인 선택을 하려면 비용과 비교했을 때 얻게 되는 이득을 최대한 크게 해야 해.
이때 반드시 생각해야 하는 것이 기회비용이지.

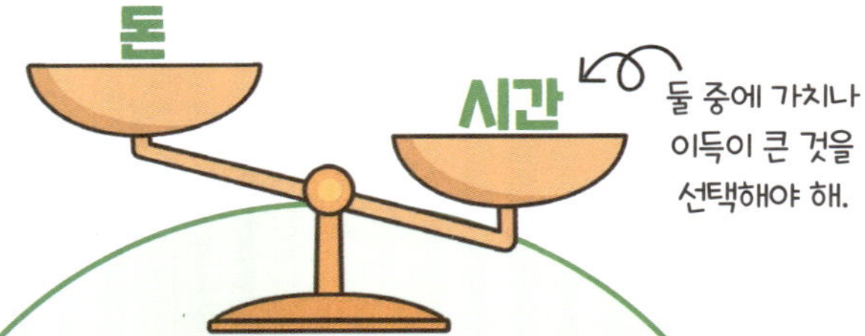

기회비용

어느 하나를 선택했을 때 그로 인해 포기하게 된 것 중 가장 큰 것의 가치를 말해.

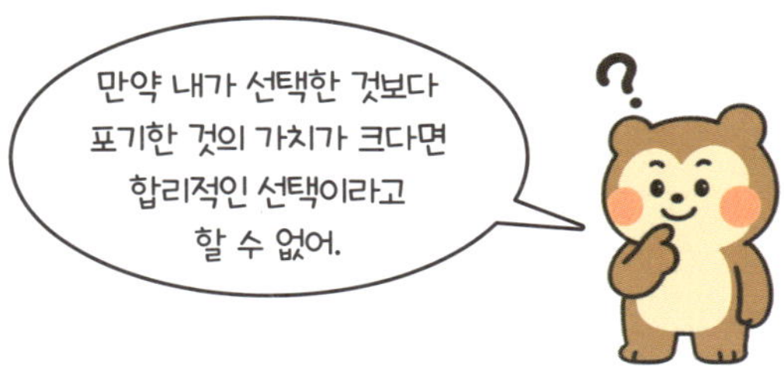

꼭 알고 가는 게 좋을걸?

- 기회비용은 여러 가지 중에 하나를 선택했을 때 그로 인해 포기한 것 중 가장 큰 것의 가치야.
- 합리적 선택은 편익과 비용을 따져 편익을 늘리고 비용을 줄이는 거야.
- 합리적 선택을 하려면 기회비용을 반드시 생각해 봐야 해.

조사하기

다음 주제에 대한 찬반 의견을 살펴보고, 빈칸에 들어갈 알맞은 말을 써 봐.

주제: OO시 다람초등학교 앞 공원 주차장 건설

찬성	반대
불법 주정차 문제를 해결할 수 있음.	공사 기간 동안 공원을 이용할 수 없음.
공원 방문객이 편리하게 주차할 수 있음.	공사하는 과정에서 자연이 훼손됨.

→ 공원 주차장을 건설하면, 기회비용은 ______________________

이에요.

기사 쓰기

'기회비용'에 대해 알게 된 사실과 너의 생각을 써 봐.

- 합리적으로 선택하기 위해서 생각해 봐야 할 것은 무엇인지 써 봐.
- 방과 후 활동이나 용돈을 어떻게 쓸지 고민했던 경험이나 무언가를 선택하고 무언가를 포기해야 했던 경험을 떠올려 봐.

정답 공사 기간 동안 공원을 이용할 수 없는 것, 공사 과정에서 자연이 훼손되는 것

빚이 늘어나면 어떻게 될까요?

© 게티이미지코리아

우리나라의 모든 사람이 빌린 돈이 엄청나게 많아지면 어떻게 될까요? 각 가정이 은행이나 금융 기관에서 빌린 돈의 *총액을 '가계 부채'라고 해요. 즉, 가정이 갚아야 할 모든 빚이란 뜻이지요.

한국은행에 따르면 2025년에 한국의 가계 부채는 거의 2천조 원에 달한다고 해요.

각 나라의 빚은 연간 국내총생산(GDP)에서 가계 부채가 차지하는 비율을 구해 비교할 수 있어요. 한국 가계 부채 비율은 90% 수준이에요. 국내에서 1년 동안 100만 원어치를 생산했다면, 가계 빚은 90만 원에 달하는 셈이에요. 만약 가계 부채 비율이 100%를 넘으면 각 가정의 빚을 합친 금액이 한국 전체 경제 *규모보다 크다는 뜻이에요. 한국의 가계 부채 비율은 스위스, 호주, 캐나다 등을 제외하면 세계에서 가장 높아요.

한국의 가계 부채를 구체적으로 살펴보면, 주로 주택을 살 때 빌리는 주택 담보 대출이 가장 많은 비중을 차지해요. 집값이 오르면 더 많은 돈을 빌려 집을 사려고 해서 대출금도 많아지는 거예요.

전문가들은 가계 부채가 너무 많아지면 사람들이 돈을 쓰기 힘들어져서 나라 경제가 잘 돌아갈 수 없다고 말해요. 그래서 정부에서는 대출을 줄이려고 금리를 올리기도 해요. 하지만 금리를 올리면 빌린 돈을 제때 못 갚아 연체하는 사람들이 생기지요. 반대로 금리를 낮추면 이자를 내는 부담은 줄지만, 또다시 많은 사람들이 돈을 더 빌리려고 해서 가계 부채는 더 커질 수 있답니다.

* 총액: 전체의 액수.
* 규모: 물건이나 현상의 크기나 범위.

경제 상식 채우기

GDP(국내총생산, Gross Domestic Product)

GDP는 한 나라에서 일정 기간 동안 만들어 낸 모든 재화와 서비스의 '총 가치'를 뜻하는 경제 지표야. 쉽게 말해 사람들이 일해서 번 돈과 물건·서비스를 팔아서 얻은 돈을 모두 합친 거라고 생각하면 돼. 빵집에서 빵을 팔고, 공장에서 장난감을 만든 것도 다 GDP에 들어가. GDP를 통해 나라의 경제 규모가 얼마나 큰지를 알 수 있어.

사실 확인하기

이 기사를 읽고 남긴 메모 중 잘못된 내용을 찾아 동그라미 쳐 봐.

가계 부채가 늘면 소비가 활기를 띠어요.

우리나라의 가계 부채 비율은 세계에서 높은 편에 속해요.

가계 부채를 줄이기 위해 금리를 올리는 방법도 있어요.

적용하기

다음 낱말 카드를 활용해 빈칸을 채워 봐.

대출 | 연장 | 연체 | 외상 | 이자

개인 가게를 운영하다 보면 빌린 돈도 못 갚을 정도로 사업이 어려워지기도 해요. 손님은 줄어드는데 갚아야 할 대출 ( ) 은/는 줄지 않거나 오히려 늘어나서 연체를 하게 돼요.

어휘 살펴보기

초성과 뜻을 보고 낱말을 맞혀 봐. 낱말들은 모두 기사에 나와 있어!

남에게 빚을 짐. 또는 그 빚.

한자 짐 지다 負
빚 債

돈을 빌릴 때 맡기는 물건이나 재산.

한자 메다 擔
지키다 保

빌린 돈을 약속한 날짜에 갚지 못한 상태.

한자 끌다 延
막히다 滯

정답 첫 번째 | 이자 | 부채, 담보, 연체

각 가정은 다양한 이유로 금융 기관에서 돈을 빌려. 집을 사거나 사업을 하기 위해 목돈이 필요할 때, 또는 생활비가 모자를 때 돈을 빌리기도 해.

가계 대출은 빌리는 목적에 따라 여러 가지가 있지.

가계 대출

각 개인과 가정이 돈을 빌리는 것을 통틀어서 가계 대출이라고 불러.

주택 담보 대출

집을 담보로 받는 대출이야.

전세 자금 대출

전세 보증금이나 월세를 내기 위해 받는 대출이야.

학자금 대출

대학교 등록금을 마련하기 위해 받는 대출이야.

꼭 알고 가는 게 좋을걸?

- 가계 대출이 많으면 빚을 갚느라 다른 데 쓸 돈이 부족해져. 그러면 전체적으로 소비 활동이 줄어들어서 경제가 안 좋아질 수도 있어.
- 대출을 지나치게 많이 받으면 어려움이 생길 수도 있어. 이자가 오르거나 소득이 줄었을 때 빚을 갚기 어려워지거든.

조사하기

다음은 강집순 씨와 최꾸덕 씨의 인터뷰야. 두 사람이 어떤 경제적 어려움을 겪고 있는지 살펴보자.

최근에 집을 사셨다고요. 생활은 어떠세요?

네, 집은 있지만 집값이 너무 비싸서 대출을 많이 받았어요.
이번 달 은행에 돈을 갚느라 다른 데 쓸 돈이 거의 없어요.

강집순

요즘 돈 문제로 힘드신 점이 있나요?

대학교 학비를 내느라 학자금 대출을 많이 받았어요.
매달 은행에 돈을 갚느라 다른 데 쓸 생활비가 부족해요.

최꾸덕

기사 쓰기

'대출'에 대해 알게 된 사실과 너의 생각을 써 봐.

- 대출, 이자, 빚 등의 낱말을 활용해 봐.
- 사람들이 왜 대출을 받는지 써 봐.
- 대출을 받을 때는 어떤 마음가짐을 가지면 좋을지 생각해 봐.

PART 2

우리 일터와 시장 경제

우리나라 경제를 책임지는 기업들

© 게티이미지코리아

삼성전자, 현대자동차, 엔비디아, 테슬라…. 이 중 한 번쯤 들어본 이름이 있나요? 모두 세계적으로 유명한 회사들이에요. 이 회사들처럼 상품이나 서비스를 생산해 판매하고 돈을 버는 곳을 기업이라고 해요.

기업은 가계, 정부와 함께 3대 경제 *주체 중 하나예요. 가계가 주로 소비자 역할을 담당한다면, 기업은 주로 생산자 역할을 해요. 식료품과 생활용품부터 스마트폰과 자동차까지 우리가 먹고 쓰고 입는 다양한 물건 대부분을 기업이 생산하지요. 기업은 자동차의 엔진처럼 경제에서 핵심적인 역할을 담당한다고 할 수 있어요.

경제 규모가 세계 10위 정도인 우리나라 경제 역시 기업들이 이끌고 있어요. 삼성전자는 1년 매출이 300조 원이 넘는 국내 최대 기업이자 세계 최고 수준의 반도체를 만드는 기업이에요. 현대자동차는 매출 규모로 삼성전자에 이은 국내 2위 기업이면서 *계열사인 기아와 함께 자동차 생산 대수가 세계 3위인 글로벌 자동차 기업이에요.

기업의 가장 큰 책임은 이윤을 내고 고용을 만들어 내는 거예요. 기업이 일자리를 마련해야 사람들이 일하면서 소득을 얻을 수 있기 때문이에요. 그렇게 얻은 소득으로 가계는 기업이 생산한 물건을 소비해요.

기업의 사회적 책임도 중요해지고 있어요. 기업의 사회적 책임이란 기업이 단순히 돈을 버는 데서 그치지 않고 기업이 속한 사회 혹은 국가, 나아가 전 세계에 이로운 일을 해야 한다는 것을 뜻해요. 그래서 많은 기업이 생산 과정에서 환경이 오염되지 않도록 노력하고, 노인과 장애인 등 사회적 약자를 도와요.

* 주체: 사물의 움직임이나 어떤 행동의 중심이 되는 것.
* 계열사: 큰 회사나 기업 그룹에 속해 있는 회사.

경제 상식 채우기

매출과 이익

기업이나 가계에서 물건을 팔거나 서비스를 제공하고 받은 돈을 매출이라고 해. 예를 들어 식당에서 1만 원짜리 음식을 10인분 팔았다면 10만 원의 매출을 올린 거야. 매출에서 비용을 뺀 것이 이익이야. 매출이 10만 원인데 음식 재료비, 인건비 등에 8만 원이 들었다면 식당의 이익은 2만 원이 되는 거야.

사실 확인하기

이 기사를 읽고 남긴 메모 중 잘못된 내용을 찾아 동그라미 쳐 봐.

가계의 주된 역할은 소비, 기업의 주된 역할은 생산이에요.	기업이 일자리를 만들지 않아도 경제는 잘 돌아갈 수 있어요.	가계는 기업이 생산한 물건을 소비해요.

적용하기

다음 내용과 관련된 기업의 역할은 무엇인지 빈칸에 들어갈 알맞은 말을 기사에서 찾아 써 봐.

한국 맥도날드는 노인들을 적극적으로 채용하며, 안정적인 일자리를 제공하고 있어요. 이에 보건복지부에서는 제28회 노인의 날을 기념하여 맥도날드에 장관 표창을 내렸어요.

기업의 ______________ 책임

어휘 살펴보기

초성과 뜻을 보고 낱말을 맞혀 봐. 낱말들은 모두 기사에 나와 있어!

ㅇ ㅇ	ㄱ ㅇ	ㅊ ㅇ
장사 등을 해서 남은 돈.	돈을 주고 사람에게 일을 시킴.	맡아서 해야 할 임무나 의무.
한자 이롭다 利, 윤택하다 潤	**한자** 품을 팔다 雇, 쓰다, 이용하다 用	**한자** 꾸짖다 責, 맡기다 任

정답 두 번째 | 사회적 | 이윤, 고용, 책임

경제의 3대 주체는 가계, 기업, 정부로 이루어져 있어.
이들은 서로 영향을 주고받으며 경제를 움직여.

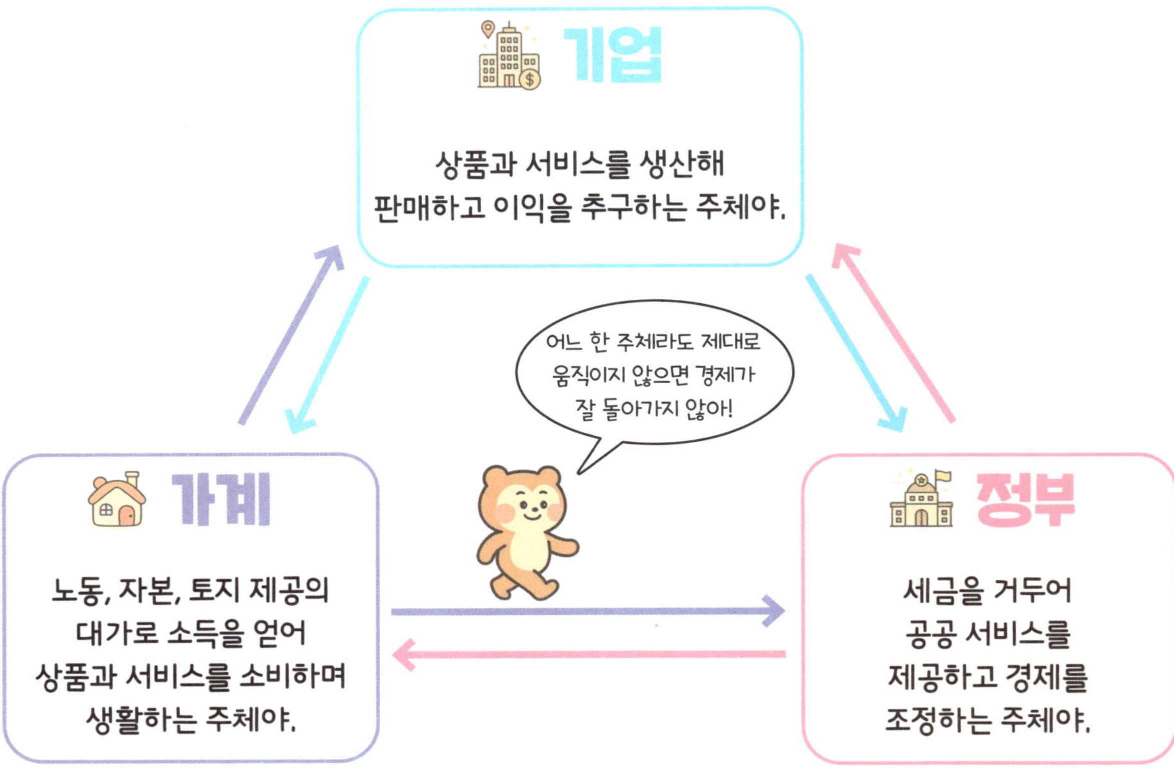

꼭 알고 가는 게 좋을걸?

- 기업은 가계, 정부와 함께 3대 경제 주체 중 하나로서 주로 생산을 담당해.
- 기업의 가장 큰 역할은 이윤을 내고 일자리를 만들어내는 거야.
- 기업의 사회적 책임도 중요해지고 있어. 기업이 노인과 장애인 등 어려운 사람을 돕는 것은 사회적 책임을 다하기 위해서야.

조사하기

내가 좋아하거나 잘 아는 기업을 골라서 그 기업이 어떤 물건이나 서비스를 만들어 판매하는지 조사해 보자.

기업 이름과 활동

좋아하는 이유 또는 알게 된 배경

기사 쓰기

'기업의 의미와 역할'에 대해 알게 된 사실과 너의 생각을 써 봐.

- 기업, 이윤, 생산, 사회적 책임 등의 낱말을 활용해 봐.
- 만약 기업이 이윤을 내지 못한다면 어떻게 될지 생각해 봐.
- 기업이 사회에 도움이 되는 활동을 하고 있는 사례를 찾아봐.

한 시간 일하면 10,320원을 벌 수 있어요!

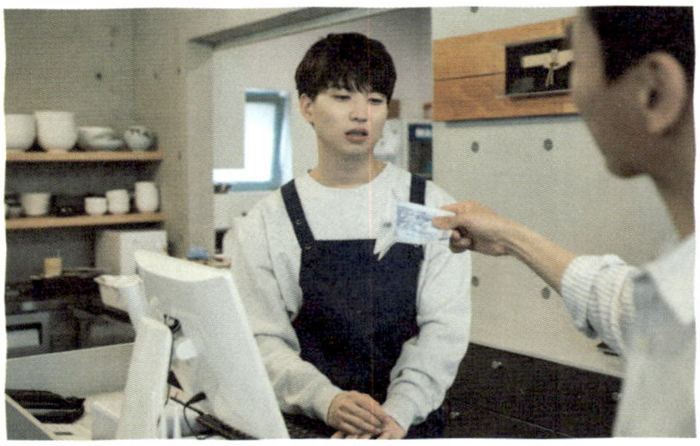

© 게티이미지코리아

2026년 *최저 임금이 10,320원으로 결정됐어요. 2025년보다 290원 인상된 금액이에요. 최저 임금은 근로자가 일하면서 반드시 받아야 하는 시간당 최소한의 돈이에요. 다시 말해 어떤 일을 하더라도 이 돈보다 적은 돈을 받으면 안 된다는 뜻이지요. 이 제도는 일하는 사람을 보호하려고 만들어졌어요. 너무 적은 임금을 받으면 생활이 어려워지고 결국 사회의 불평등이 커지게 되니까요.

최저 임금은 고용노동부 아래에 있는 기관 중 하나인 최저 임금 위원회라는 곳에서 매년 회의를 통해 결정해요.

1988년 우리나라에 최저 임금 제도가 생긴 이후, 최저 임금은 계속 상승했어요. 2017년 시간당 6,470원이던 최저 임금은 2024년 9,860원으로 올랐고, 2025년 처음으로 1만 원을 돌파했어요. 최저 임금이 적용되면 2026년에는 누가 어떤 일을 하더라도 월급으로 약 215만 원의 돈을 받게 돼요.

하지만 최저 임금이 오를 때마다 의견이 갈려요. 최저 임금이 오르면 작은 가게를 운영하면서 직원을 고용해야 하는 *소상공인과 자영업자의 비용 부담이 늘어나요. 그래서 직원을 고용하지 않고 가족끼리 장사하거나 꼭 필요한 때에만 잠깐씩 사람을 고용하기도 해요. 오히려 일자리가 줄어드는 경우가 생기게 되는 것이지요. 또 인건비를 아끼려고 매장에 키오스크(무인 단말기)를 설치하기도 해요.

반면, 근로자들은 많이 오른 물가를 따라잡기에는 최저 임금도 부족하다고 주장해요. 생활비에 쓰고 나면 남는 게 없다는 입장이지요.

최저 임금은 양쪽의 의견을 모두 만족시키기 어려운 점이 있어요.

* 최저: 가장 낮음.
* 소상공인: 항상 근로하는 직원이 5명 이하인 사업체를 경영하는 사람.

경제 상식 채우기

최저 임금 제도

국가가 근로자에게 최소한의 임금은 줘야 한다고 법으로 기준을 정한 거야. 근로자가 인간답게 생활할 수 있도록 보호하는 제도지. 최저 임금 위원회는 근로자 측, 기업 측, 공익 위원 등 다양한 사람들이 모여 협상을 해. 국제 노동 기구(ILO)에 가입한 국가 대부분이 다양한 형태의 최저 임금 제도를 운영하고 있어.

사실 확인하기

이 기사를 읽고 남긴 메모 중 잘못된 내용을 동그라미 쳐 봐.

우리나라 최저 임금은 2025년에 처음으로 만 원을 돌파했어요.	최저 임금보다 적은 돈을 주면 법을 위반하는 거예요.	최저 임금이 오르면 자영업자는 더 많은 직원을 고용하고 싶어 해요.

적용하기

최저 임금이 오르면 오히려 일자리가 사라지는 부작용이 생기기도 해. 그 이유는 무엇인지 써 보자.

어휘 살펴보기

초성과 뜻을 보고 단어를 맞혀 봐. 단어들은 모두 기사에 나와 있어!

ㅇ ㄱ	ㄷ ㅍ	ㅇ ㄱ ㅂ
근로자가 노동한 대가로 고용주에게 받는 보수.	일정한 기준이나 기록을 넘어섬.	사람을 부리는 데에 드는 비용.
한자 품팔이 賃 금, 돈 金	**한자** 부딪치다 突 깨뜨리다 破	**한자** 사람 人, 사건 件 쓰다 費

정답 세 번째 | 자유롭게 쓰기 | 임금, 돌파, 인건비

최저 임금은 그 아래로 주어서는 안 된다고 정한 시간당 최소한의 임금 액수야.

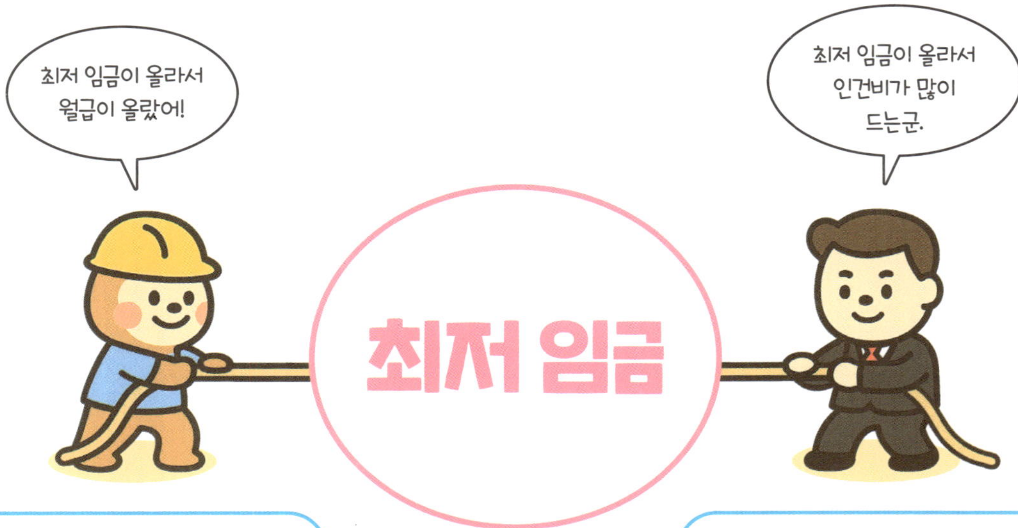

근로자

근로자는 임금을 받아
생활하기 때문에
최저 임금이 올랐으면 해.

사용자

근로자를 고용하는 사람으로,
최저 임금이 오르면 이익이
많이 남지 않기 때문에
최저 임금이 안 올랐으면 해.

꼭 알고 가는 게 좋을걸?

- 아무리 작은 가게에서 일해도 최저 임금보다 적게 받으면 법에 어긋나.
- 외국인뿐만 아니라 아르바이트하는 고등학생과 대학생도 차별받지 않고 똑같이 최저 임금을 받을 수 있어.
- 최저 임금은 매년 최저 임금 위원회에서 결정해.

조사하기

인터넷에서 '최저 임금'을 검색하여 최근 5년간 우리나라의 시간당 최저 임금을 조사해 보자.

2021년	2022년	2023년	2024년	2025년
원	원	원	원	원

→ 최근 5년간 최저 임금이 가장 많이 오른 해는 ______________ 년이야.

기사 쓰기

'최저 임금'에 대해 알게 된 사실이나 너의 생각을 써 봐.

- 최저 임금, 물가, 생활비 등의 낱말을 활용해 봐.
- 사용자라면 최저 임금이 어때야 좋을지 생각해 봐.
- 근로자라면 최저 임금이 어때야 좋을지 생각해 봐.

은행이 돈의 양을 조절한다고요?

© 게티이미지코리아

최근 집값과 환율이 *불안정하여 한국은행에서는 기준 금리는 올리지 않고 유지하고 있어요. 2024년 10월부터 계속해서 기준 금리를 내리다가 2025년 7월부터는 똑같은 수준으로 유지하고 있지요(2025년 11월 기준).

우리 몸이 건강하려면 혈액이 잘 순환해야 하는 것처럼 한 나라의 경제가 튼튼하려면 돈이 활발하게 움직여야 해요. 그런데 돈이 시중에 너무 많으면 물가가 오르고, 물가가 너무 높으면 경기가 *침체될 수 있어요. 그래서 균형을 잘 맞추는 게 중요하지요.

한국은행은 기준 금리를 통해 통화의 양을 조절하는 역할을 해요.

기준 금리란 은행 예금 금리와 대출 금리의 기준이 되는 금리를 말해요. 한국은행이 기준 금리를 올리면 예금 금리와 대출 금리도 따라 오르고, 기준 금리가 내려가면 예금 금리와 대출 금리도 내려가요.

그렇다면 한국은행은 언제 기준 금리를 올리거나 내릴까요? 먼저, 물가가 너무 빠르게 오를 때 기준 금리를 인상해요. 기준 금리가 오르면 예금 금리도 올라서 은행에 저축했을 때 이자를 더 많이 받을 수 있어요. 반대로 대출 금리가 높아져 돈을 빌렸을 때는 내야 할 이자가 많아져요. 그래서 은행에 맡기는 돈은 늘어나고, 은행에서 빌려주는 돈은 줄어드니 시중에 돌아다니는 돈의 양이 감소해요.

물가가 별로 오르지 않으면서 경제 상황이 좋지 않아 사람들이 돈을 쓰지 않을 때는 기준 금리를 인하해요. 사람들이 저축을 덜 하고 돈을 더 쓰도록 유도하는 거예요. 그렇게 하면 경제 활동이 활발해지는 효과를 기대할 수 있으니까요.

* 불안정: 안정적이지 않음.
* 침체: 어떤 현상이 나아가지 못하고 제자리에 머무름.

경제 상식 채우기

중앙은행이란?

한 나라의 은행 제도에서 중심이 되는 역할을 하는 은행이야. 우리나라에선 한국은행이 중앙은행이지. 일반적인 은행처럼 일반 국민의 예금을 받거나 돈을 빌려주지는 않아. 대신 기준 금리 등 여러 가지 수단을 통해 돈의 양, 즉 통화량을 조절해. 중앙은행이 기준 금리를 올리느냐 내리느냐에 따라 가계와 기업 등 경제 전체가 아주 큰 영향을 받아.

사실 확인하기

이 기사를 읽고 남긴 메모 중 올바른 내용을 찾아 동그라미 쳐 봐.

기준 금리가 오르면 은행 예금 금리는 내려가요.	기준 금리가 오르면 저축 이자를 더 적게 받아요.	기준 금리를 내리면 경기가 활발해지는 효과를 기대할 수 있어요.

적용하기

다음 빈칸에 올라가는 것에는 ↑를, 내려가는 것에는 ↓를 써 봐.

1 기준 금리가 오를 때 예금 금리: ☐

2 기준 금리가 오를 때 은행에 저축한 돈에 대한 이자: ☐

3 저축하는 사람이 많을 때 시중에 돌아다니는 돈의 양: ☐

어휘 살펴보기

초성과 뜻을 보고 단어를 맞혀 봐. 단어들은 모두 기사에 나와 있어!

ㅅ ㅎ	ㅌ ㅎ	ㅇ ㅎ
되풀이하며 돌아다님.	값을 치르는 수단으로 쓸 수 있는 화폐.	가격 따위를 낮춤.
한자 돌다 循 고리 環	**한자** 통하다 通 재물, 물건 貨	**한자** 끌다, 당기다 引 아래 下

정답 세 번째 | ↑, ↑, ↓ | 순환, 통화, 인하

한국은행은 한국의 중앙은행으로, 경제 상황에 따라 기준 금리를 결정해.

한국은행

화폐 제조

우리가 쓰는 지폐와 동전을 만들어.

금리 결정

기준 금리를 조정하여 물가를 안정시켜.

외환 관리

외국 돈을 사고팔며 환율을 안정시켜.

꼭 알고 가는 게 좋을걸?

- 한국은행은 기준 금리를 올리거나 내려서 시중에 돌아다니는 돈의 양을 조절해.
- 기준 금리가 오르거나 내리면 은행 예금 금리와 대출 금리도 비슷한 폭으로 오르거나 내려.
- 기준 금리를 올리면 물가가 안정되고, 기준 금리를 내리면 경제가 활성화돼.

조사하기

다음 자료를 바탕으로 그래프의 선을 완성해 봐.

한국은행은 2024년 10월 기준 금리를 연 3.5%에서 3.25%로 내렸고, 11월에도 한 차례 더 내렸어요. 2025년에는 5월, 7월, 8월 모두 기준 금리가 연 2.5%로 유지됐어요. 기준 금리를 내리면 집값이 오르고 가계 빚이 늘어날 것이라고 판단했기 때문이에요.

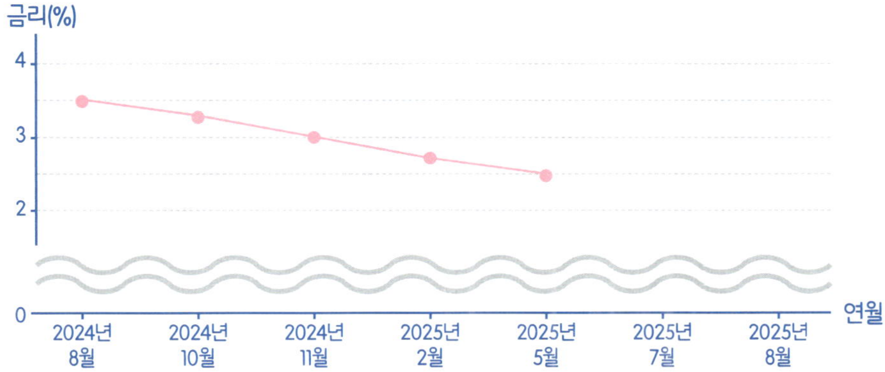

기사 쓰기

'한국은행의 역할'에 대해 알게 된 사실과 너의 생각을 써 봐.

- 한국은행, 기준 금리, 경기, 물가 등의 낱말을 활용해 봐.
- 물가가 빠르게 오르거나 경제가 어려워졌을 때에는 기준 금리를 어떻게 해야 할지 생각해 봐.

휴가철에 항공료가 오르는 이유

© 게티이미지코리아

지난 추석 연휴는 유달리 길어서 공항을 이용하는 사람이 평소보다 훨씬 많았어요. 인천공항공사에 따르면 2025년 10월 2일부터 9일까지 인천공항 이용객은 하루 평균 약 21만 7천 명으로 지난해 추석 연휴보다 6.4% 늘었어요. 이 수치는 인천공항이 운영을 시작한 이래로 추석 연휴 기준 최다 기록이라고 해요.

이렇게 평소보다 긴 연휴에는 비행기 푯값이 오르는데, 그 이유는 무엇일까요? 바로 수요와 *공급의 법칙 때문이에요.

우리가 먹고 입고 사용하는 거의 모든 상품과 서비스에는 가격이 있어요. 가격은 누가 나서서 일부러 정하지 않아도 시장의 수요와 공급에 따라 자연스럽게 결정돼요.

이 세상에서 아이스크림을 딱 10개만 팔고 아이스크림을 먹고 싶어 하는 사람은 20명, 아이스크림 가격은 1,000원이라고 생각해 봐요. 판매할 아이스크림이 모자라니까 2,000원을 주고라도 사겠다는 사람이 있을 거예요. 비싸도 사겠다는 사람이 있으니 아이스크림 가격은 올라갈 가능성이 커져요. 반대로 아이스크림을 먹고 싶어하는 사람이 5명뿐이라면 5개가 남아요. 아이스크림 회사는 남은 물건을 반값에라도 팔려고 할 거예요.

수요가 공급보다 많으면 가격이 올라가고, 공급이 수요보다 많으면 가격이 내려가는 셈이에요. 결국 시장에서 정해진 가격은 소비자와 생산자가 모두 사고 싶고 팔고 싶은 가격에서 결정돼요.

휴가철에 항공료나 숙박비 등 여행지의 물가가 평소보다 비싸지는 것도 수요가 몰리기 때문이에요. 반대로 가을이 다가오면 더 이상 여름옷이 필요하지 않으니까 백화점이나 아웃렛에서 할인 판매하는 것을 볼 수 있어요.

*공급: 요구나 필요에 따라 물건이나 돈 등을 제공함.

경제 상식 채우기

가격 탄력성

어떤 물건의 가격이 오르거나 내릴 때, 사람들의 마음이 얼마나 흔들리는지를 나타내는 지표야. 쌀 가격이 많이 오르더라도 수요는 많이 줄지 않아. 밥은 반드시 먹어야 하기 때문이야. 쌀은 가격 탄력성이 낮은 품목이야. 반대로 영화표 가격이 오르면 사람들은 영화관에 덜 가. 영화표는 가격 탄력성이 높다고 할 수 있어.

사실 확인하기

이 기사를 읽고 남긴 메모 중 올바른 내용을 모두 찾아 동그라미 쳐 봐.

수요가 공급보다 많으면 가격이 올라요.

수요보다 공급이 많으면 가격이 내려가요.

휴가철에는 보통 항공료나 숙박비가 내려가요.

적용하기

기사를 참고해 다음 빈칸에 들어갈 알맞은 낱말을 골라 동그라미 쳐 봐.

작년 가을에 배추 가격이 비싸다는 뉴스가 많이 나왔어요. 그래서 올해는 농부들이 배추를 많이 심었고 재배량도 대폭 늘렸지요. 작년보다 배추 수확이 많아지면서 자연스럽게 올해 배추 가격이 [올랐어요 / 내렸어요]. 즉, 공급이 [판매 / 수요]를 넘은 거라고 할 수 있어요.

어휘 살펴보기

초성과 뜻을 보고 낱말을 맞혀 봐. 낱말들은 모두 기사에 나와 있어!

ㅅ ㅂ ㅈ	ㅅ ㅅ ㅈ	ㅅ ㅈ
물건 등을 소비하는 사람.	물건 등을 생산하는 사람.	상품, 재화, 서비스 등의 거래가 이루어지는 영역.
한자 사라지다 消 쓰다 費 사람 者	한자 나다 生 낳다 産 사람 者	한자 시장, 거래 市 마당 場

상품의 가격은 수요와 공급 법칙에 의해 결정돼.

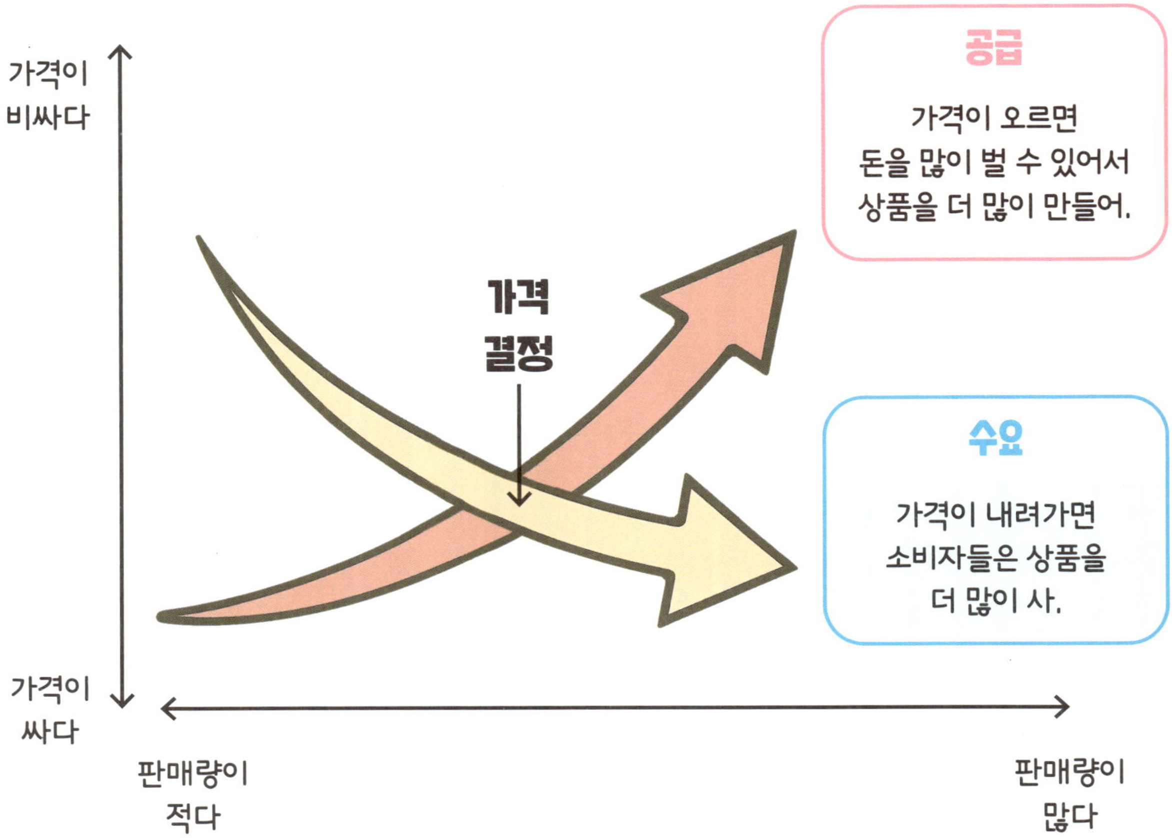

꼭 알고 가는 게 좋을걸?

- 수요가 증가하더라도 공급이 더 많이 늘면 경쟁이 치열해지면서 가격이 하락하는 경우도 있어.
- 쌀이나 라면과 같은 생필품의 가격이 너무 빠르게 올라가면 정부가 나서서 가격 결정에 간섭하기도 해.
- 생산자나 판매자가 서로 경쟁하지 않고 몰래 만나서 물건값을 결정하는 것을 '가격 담합'이라고 해. 가격 담합은 불법이야.

조사하기

다음 이야기를 읽고 허생이 부자가 될 수 있었던 이유를 써 봐.

허생은 매일 집에서 공부만 하는 양반이었어요. 그러다 아내의 구박을 이기지 못하고 집을 나섰어요. 한양(지금의 서울) 마포 나루에 사는 부자 변 씨를 찾아가 돈 1만 냥을 빌렸어요. 허생은 이 돈으로 시장에서 밤, 대추, 감, 배, 석류, 귤 등 온갖 과일을 몽땅 샀어요. 머지않아 온 나라의 과일이 바닥나고, 잔치를 벌이거나 제사를 지내려고 해도 과일이 없어서 난리가 났지요. 발만 동동 구르던 과일 장수들은 원래보다 10배나 비싼 가격에 허생의 과일을 사 갔답니다.

기사 쓰기

'수요와 공급'에 대해 알게 된 사실과 너의 생각을 써 봐.

- 시장의 가격은 어떻게 결정되는지 정리해 봐.
- 계절에 따라 가격이 달라지는 상품이나 서비스에 대해 써 봐.
- 값이 크게 올랐거나 떨어진 물건을 산 적이 있는지 생각해 봐.

일자리 구하기가 하늘에 별 따기

© 게티이미지코리아

고등학교와 대학교를 졸업한 후 일자리를 구하지 못하는 청년이 늘고 있어요. 구직 활동조차 하지 않는 청년도 증가하는 *추세예요.

국가데이터처에 따르면 2025년 10월, 15~29세 청년층 취업자는 1년 전보다 약 16만 3천 명 감소했어요. 이에 따라 청년 고용률도 하락했어요. 고용률은 15세 이상 인구 중 일자리를 가진 사람의 비율을 뜻해요. 이 수치는 청년들이 일자리를 구하기가 점점 더 어려워지고 있다는 것을 보여 줘요.

일자리를 구하지 못한 청년이 많아지면서 캥거루족도 늘어나고 있어요. 캥거루족은 캥거루가 새끼를 주머니에 넣고 다니는 것처럼 20~30대가 돼서도 부모에게 경제적으로 의존하는 사람을 뜻해요. 안정적인 일자리를 구하지 못해 독립이 어려워지고, 생활비나 주거비를 부모에게 의지하는 청년들이 늘어나면서 캥거루족이 하나의 사회적 현상으로 자리 잡고 있어요.

청년들의 취업이 힘들어진 가장 큰 원인은 경기 침체예요. 경제 상황이 나빠져 기업들이 경영에 어려움이 커지자 신입 사원을 많이 뽑지 않고 있어요. 게다가 우리나라의 *주력 산업인 제조업에서 일자리가 많이 줄기도 했어요. 이외에도 여러 가지 이유로 청년 *취업난이 점점 심해지고 있어요.

반면 60세 이상 장년층 취업자는 약 33만 4천 명이나 늘었어요. 이처럼 청년층의 고용은 줄어드는 반면, 고령층의 취업은 늘어나면서 세대 간 일자리 격차가 커지고 있어요. 앞으로는 경기 회복과 함께 청년들이 안정적으로 일할 수 있는 일자리 창출이 중요해지고 있어요.

* 추세: 어떤 일이나 현상이 일정한 방향으로 나아가는 경향.
* 주력: 중심이 되는 힘이나 세력.
* 취업난: 직업을 얻어 직장에 나가기가 어려움. 또는 그런 상태.

경제 상식 채우기

프리터족

아르바이트 등 단기 일자리로 생계를 유지하는 청년층을 뜻하는 용어야. '프리터'는 '프리아르바이터(free arbeiter)'를 줄인 말이지. 1980년대 일본에서 처음 등장한 용어인데, 우리나라에서도 최근 경기 침체 속에 청년 취업난이 계속되면서 프리터족이 급증하고 있어.

사실 확인하기

이 기사를 읽고 남긴 메모 중 잘못된 내용을 찾아 동그라미 쳐 봐.

청년들이 취업에 어려움을 겪고 있어요.	장년층 취업자 수는 예전보다 늘어났어요.	경제 상황이 나빠지면 기업들은 직원을 더 뽑아요.

적용하기

다음 빈칸에 들어갈 알맞은 낱말을 기사에서 찾아 써 봐.

강집돌 씨는 대학을 졸업한 지 2년이 지났지만 아직 취업을 하지 못했어요. 강집돌 씨는 가끔 아르바이트를 하며 용돈을 벌지만 대부분의 생활비와 식사비는 부모님이 부담해요. 최근 이런 청년들이 늘어나면서 ＿＿＿＿＿＿ (이)라는 신조어가 사회적 이슈로 떠오르고 있어요.

어휘 살펴보기

초성과 뜻을 보고 낱말을 맞혀 봐. 낱말들은 모두 기사에 나와 있어!

ㄱ ㅈ	ㅊ ㅊ	ㅊ ㅇ
직업을 찾음.	전에 없던 것을 새로 만들어 냄.	직업을 잡아 직장에 나감.
한자 구하다 求 / 벼슬 職	한자 비롯하다 創 / 나다 出	한자 나아가다, 이루다 就 / 일, 직업 業

정답 세 번째 | 캥거루족 | 구직, 창출, 취업

고용률은 15세 이상 인구 중 일자리를 갖고 있는 사람의 비율로,
최근 경기 침체의 영향으로 낮아지고 있어.

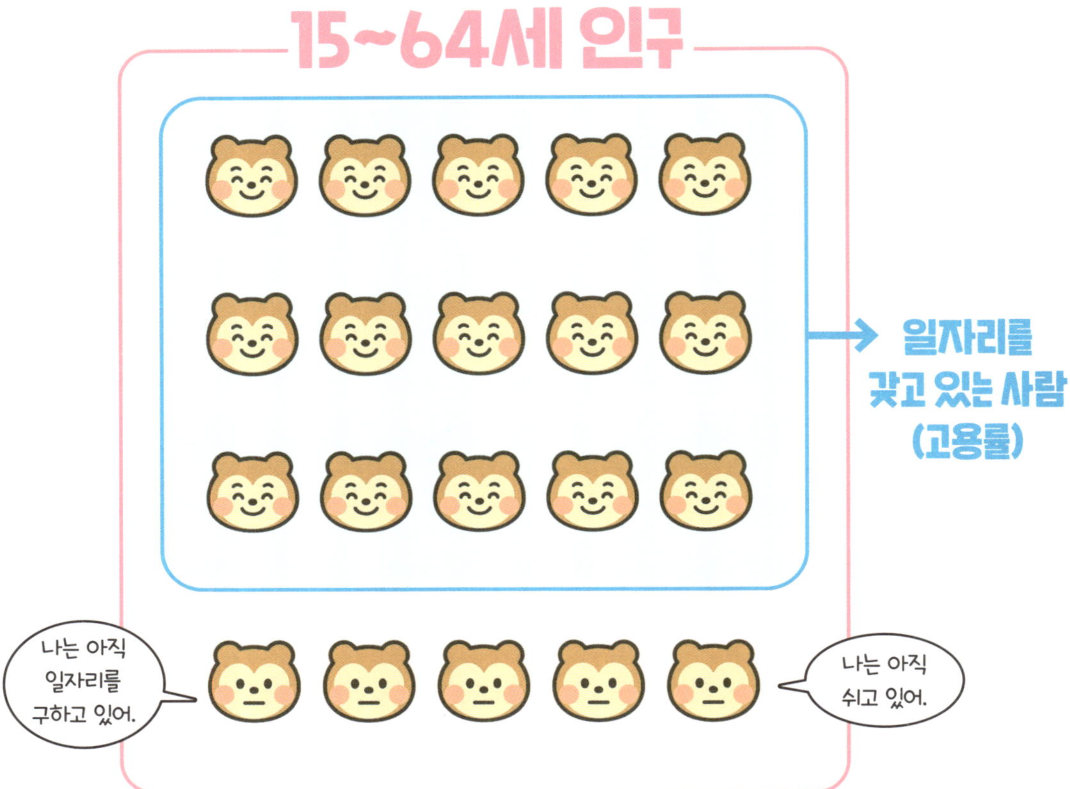

꼭 알고 가는 게 좋을걸?

- 고용률의 기준이 되는 15~64세 인구는 생산 가능 인구로, 경제 활동에 참가할 수 있는 인구를 말해.
- 경기 침체로 청년 취업자가 줄어들고 있어. 아예 구직 활동도 하지 않은 채 쉬는 청년도 많아졌지. 반면, 60세 이상 고령층 취업자는 늘어나고 있어.
- 취업난이 계속되면서 나이가 들어서도 부모에게 경제적으로 의존하는 청년을 뜻하는 캥거루족이 늘고 있어.

조사하기

다음 그래프를 보고 문장의 빈칸을 채워 봐.

청년 고용률

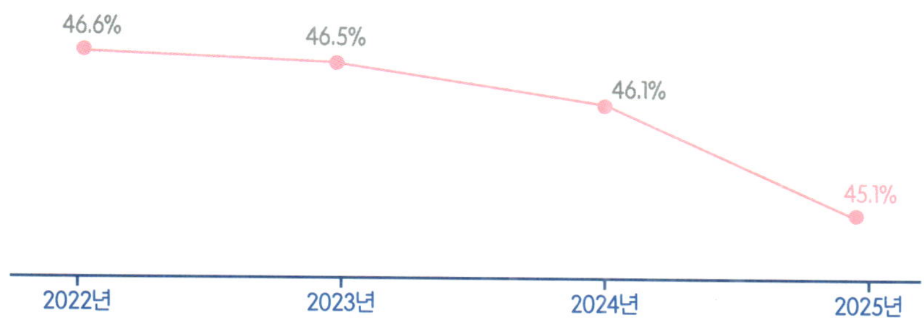

→ 우리나라 청년 고용률이 점점 ______________ 있어요.

기사 쓰기

'청년 취업난'에 대해 알게 된 사실과 너의 생각을 써 봐.

- 취업, 고용률 등의 낱말을 활용해 봐.
- 기업들이 신입사원 채용을 줄이는 이유는 무엇일지 생각해 봐.
- 취업난을 해결하기 위해 정부는 어떤 대책을 마련해야 할지 생각해 봐.

주식 투자로 집을 살 수도, 잃을 수도 있어요!

© 게티이미지코리아

1929년 10월 29일, 미국 주식 시장에 큰일이 벌어졌어요. 이날 주식의 가격이 순식간에 떨어지면서 수많은 투자자들이 큰 손해를 입었어요. 이 사건을 검은색을 뜻하는 '블랙(black)'과 화요일을 뜻하는 '튜즈데이(tuesday)'를 합쳐 '블랙 튜즈데이'라고 불러요.

그렇다면 우리가 흔히 말하는 주식은 무엇일까요? 주식은 어떤 회사에 돈을 투자하고 받는 증서를 말해요. 주식을 가진 사람을 '주주'라고 부르는데, 이는 그 회사의 일부를 소유한 작은 주인이 되었다는 뜻이에요.

주식회사는 여러 사람이 투자해 주식을 나누어 가지며 세워요. 나중에 회사가 이익을 내면 주주들이 그 이익을 함께 나눠요. 이렇게 하면 회사는 은행에서 돈을 빌리지 않고 주주들에게서 모은 돈으로 다양한 사업을 펼칠 수 있어요.

이렇게 주식이 사고팔리는 곳이 바로 주식 시장이에요. 주식 시장은 일반 사람들이 여러 기업의 주식을 자유롭게 거래할 수 있는 시장이에요. 우리나라에는 '코스피(KOSPI)'와 '코스닥(KOSDAQ)'이라는 대표적인 주식 시장이 있어요. 주식 시장에는 다양한 기업들이 *상장되어 있으며, 투자자들은 앞으로 성장할 것 같은 유망한 기업의 주식을 사서 주주가 되지요.

하지만 주식의 가격, 즉 주가는 항상 오르기만 하는 것이 아니에요. 기업이 좋은 실적을 내고 안정적으로 성장하면 주가는 오르지만, 그렇지 않으면 떨어질 수도 있어요. 회사의 경영이 크게 나빠지거나 중요한 정보를 공개하지 않아 '상장 폐지'가 되면 더 이상 그 주식을 사고팔 수 없게 돼요. 이럴 때는 주주들이 투자한 돈을 모두 잃을 수도 있기 때문에 주식 투자는 신중히 해야 해요.

* 상장: 주식을 사고팔기 위해 증권 거래소에 등록하는 일.

경제 상식 채우기

주식회사와 주주 총회

주식회사의 모든 주주가 참여하는 회의를 '주주 총회', 줄여서 주총이라고 해. 주식회사는 정기적으로 주주 총회를 열고 중요한 경영 내용을 주주들에게 알려. 다만, 주주가 회사 경영에 일일이 의견을 내기는 어렵기 때문에 주식회사에서는 '이사회'라는 기구를 만들어. 그리고 이사회를 대표하는 대표 이사를 뽑아 회사를 경영하도록 해.

사실 확인하기

이 기사를 읽고 남긴 메모 중 올바른 내용을 찾아 동그라미 쳐 봐.

주식 가격은 시간이 지나면 언젠가는 올라요.	주식회사가 이익을 내면 주주들이 이익을 함께 나누어 가져요.	우리나라의 대표적인 주식 시장은 나스닥(NASDAQ)이에요.

적용하기

다음 빈칸에 들어갈 알맞은 낱말을 기사에서 찾아 써 봐.

민준: 우리 아빠가 어떤 회사에 돈을 투자하고 그 회사의 (   ) 을/를 샀대.

수아: 그럼 너희 아빠는 그 회사의 (   ) 이(가) 된 거네!

어휘 살펴보기

초성과 뜻을 보고 단어를 맞혀 봐. 단어들은 모두 기사에 나와 있어!

ㅌ ㅈ ㅈ	ㅅ ㅈ	ㅅ ㅎ
이익을 얻기 위해 돈이나 정성을 쏟는 사람.	실제로 이룬 업적이나 공적.	물질적으로나 정신적으로 밑짐.
한자 던지다 投, 재물 資, 사람 者	**한자** 열매 實, 길쌈하다 績	**한자** 덜다 損, 해롭다 害

정답 두 번째 | 주식, 주주 | 투자자, 실적, 손해

주식은 위험성이 따르는 만큼 큰 수익을 낼 수 있는 투자 방법이야.

예금과 적금

정해진 기간 동안 정해진 금리가 붙어서 수익이 나는 저축 방법으로, 갑자기 큰돈이 되진 않아.

VS

주식 투자

유망한 기업을 찾아 그 기업에 투자하는 것으로, 투자한 돈을 잃을 수도, 배로 벌 수도 있어.

꼭 알고 가는 게 좋을걸?

- 주가는 오르락내리락하는 경우가 많아서 비교적 오랜 시간 갖고 있으면서 투자하는 것이 좋아.
- 국내 주식 시장에서는 하루 동안 주가가 오르거나 내릴 수 있는 폭이 정해져 있어. 주식 시장의 안정성을 지키기 위해 만든 규칙이야.

조사하기

세계적으로 주식 시장이 크게 흔들린 사건에 대해 알아보자.

코로나 시기의 주식 시장

- 2020년 봄, 전 세계 주식 시장이 큰 폭으로 떨어짐.
- 사람들이 외출을 줄이고 소비를 멈추자 기업의 수익이 줄어 주가가 급락함.
- 반면, 같은 시기에 재택 근무, 온라인 쇼핑, 전자 기기 수요는 폭발적으로 늘어남.
- 미국의 애플, 테슬라, 한국의 삼성전자 등과 같은 IT(정보 기술) 기업이나 전기차 기업 주가가 크게 오름.

기사 쓰기

'주식'에 대해 알게 된 사실과 너의 생각을 써 봐.

- 투자의 의미나 장점, 단점에 대해서 정리해 봐.
- 은행 적금이나 예금을 드는 저축과 주식 투자 중 어떤 방법으로 돈을 모으면 좋을지 생각해 봐.

집값, 수도권은 오르고 지방은 내리고

© 게티이미지코리아

지난 몇 년간 서울과 수도권의 집값은 큰 폭으로 올랐지만, 그 외 지역의 집값은 내렸어요. 이 때문에 서울과 지방의 집값이 격차가 커졌어요.

한국은행이 발표한 자료에 따르면 수도권 주택 매매 가격은 2023년과 비교하여 9.6% 올랐어요(2025년 기준). 수도권 중에서도 서울의 주택 가격 상승 폭이 컸어요. 하지만 지방의 주택 매매 가격은 하락했지요. 주택 거래도 서울이 지방보다 많았어요.

한국은행은 수도권에 인구가 몰리면서 주택 수요가 증가해 서울과 수도권의 집값이 올랐다고 설명했어요. 현재 우리나라 인구의 반 이상이 서울, 인천, 경기도 등 수도권에 살아요. 수도권에 인구가 많아지는 이유는 많은 일자리가 수도권에 몰려 있고, 교통·교육·문화 시설이 잘 갖추어져 있기 때문이에요.

수도권에 주택 수요가 커졌지만, 주택의 수는 충분히 늘지 않아서 집값이 오르는 거예요. 게다가 앞으로 서울과 수도권 집값이 오를 것으로 예상하고 사람들이 서둘러 주택을 구입하는 것도 집값이 오른 이유 중 하나예요. 짧은 기간에 주택을 사고자 하는 사람이 많이 몰리면서 집값이 급격하게 오른 것이지요.

반면, 지방은 좋은 일자리를 얻기 힘들고 생활 기반 시설이 제대로 갖추어지지 않는 등 주거 *여건이 나빠지면서 주택을 사고자 하는 사람도 줄어들고 있어요. 그 때문에 집값이 오르지 않고 있지요.

한국은행은 서울과 수도권의 집값을 안정시키려면 주택 공급을 꾸준히 늘려야 한다고 강조했어요. 또한 지방의 경제적 여건을 *개선해야 한다고 지적했어요.

* 여건: 주어진 조건.
* 개선: 잘못된 것이나 부족한 것, 나쁜 것 따위를 고쳐 더 좋게 만듦.

경제 상식 채우기

부동산이란?

토지나 건물처럼 위치를 옮길 수 없는 재산을 말해. 아파트를 비롯한 주택이 대표적인 부동산이지. 식당, 가게 등이 들어선 상가 건물과 기업들이 쓰는 고층 빌딩도 모두 부동산의 한 종류야. 주택, 건물, 토지 등을 사고파는 시장을 부동산 시장이라고 해. 또 이들의 가격을 부동산 가격이라고 불러.

사실 확인하기

이 기사를 읽고 남긴 메모 중 잘못된 내용을 찾아 동그라미 쳐 봐.

몇 년 사이에 서울과 수도권의 집값이 크게 올랐어요.	서울과 지방의 집값 차이가 줄어들었어요.	집값이 오를 것으로 예상한 사람들이 서둘러 주택을 사면서 집값이 더 올랐어요.

적용하기

다음 낱말 카드를 활용해 빈칸을 채워 봐.

매매 수요 공급

한국은행은 수도권 인구가 몰리면서 집값이 올랐다고 설명했어요. 수도권의 주택 (　　　　)에 비해 주택의 수는 충분히 늘지 않았기 때문이에요.

어휘 살펴보기

초성과 뜻을 보고 낱말을 맞혀 봐. 낱말들은 모두 기사에 나와 있어!

ㅁ ㅁ	ㅈ ㄱ	ㄱ ㅂ
물건을 사고파는 일.	일정한 곳에 머물러 삶.	기초가 되는 바탕.
한자 팔다 賣, 사다 買	**한자** 살다 住, 살다 居	**한자** 터 基, 소반 盤

정답 두 번째 | 수요 | 매매, 주거, 기반

토지나 건물처럼 위치를 옮길 수 없는 재산을 부동산이라고 해. 아파트를 비롯한 주택은 대표적인 부동산이야.

꼭 알고 가는 게 좋을걸?

- 부동산도 다른 상품처럼 시장에서 사고팔 수 있어.
- 부동산이 거래되는 시장을 부동산 시장이라고 해.
- 주택 수요가 공급보다 많으면 집값이 오르고, 공급에 비해 수요가 모자라면 집값이 내려.

각 지역의 인구가 어떻게 변화했는지 찾아보자. 맨 아래에는 궁금한 다른 도시를 써 봐.

구분	2005년	2015년	2025년(지금)
서울특별시			
인천광역시			
광주광역시			
부산광역시			

'부동산'과 '집값'에 대해 알게 된 사실과 너의 생각을 써 봐.

- 주택 가격, 수도권, 지방, 인구 등의 낱말을 써 봐.
- 사람들이 수도권에 몰리는 이유는 무엇인지 적어 봐.
- 수도권이 아닌 지역으로 인구를 분산하려면 어떤 방법이 필요할지 생각해 봐.

가장 인기 있는 곳에만 손님이 몰려요!

© 게티이미지코리아

우리나라에 약 8000여 명의 프로 축구 선수가 있어요. 그런데 이들 선수가 모두 손흥민이나 이강인처럼 보통 사람이 상상하기 힘든 큰돈을 버는 것은 아니에요. 미국 프로 축구팀 LAFC로 옮긴 손흥민 선수의 이적료는 약 2,650만 달러(한화 약 367억 원)예요. 연봉은 구체적으로 알려지진 않았지만 영국 토트넘 시절과 비슷하거나 더 높을 것으로 예상돼요. 운동선수가 나오는 국내 광고 시장에서도 손흥민, 이강인 선수가 등장해요.

이처럼 소수의 슈퍼스타가 시장의 이익 대부분을 차지하는 현상을 '슈퍼스타 경제학'이라고 해요. 가수나 배우, 유튜버 등도 마찬가지예요. 인기 있는 스타가 훨씬 많은 이익을 독차지해요.

예전에는 각 나라마다 스타가 따로 있었다면, 요즘은 한 명의 슈퍼스타나 한 기업의 인기 상품이 전 세계 팬과 수억 명의 소비자에게 서비스를 제공하면서 시장을 독점하는 경향이 있어요. SNS나 인터넷, 교통수단이 발달해 정보가 빠르게 퍼지고 소통과 이동이 편리해져 세계 시장이 하나로 *통합된 덕분이에요.

다른 분야에서도 슈퍼스타 경제학 현상을 찾아볼 수 있어요. 전 세계에서 손님이 찾아와 줄 서는 식당이 있는가 하면, 손님이 없어 문을 닫는 식당도 많아요. 장사가 잘되는 식당은 더 잘되고, 인기가 많은 스타는 더 많은 돈을 버는 시대가 된 것이지요.

2등이 아니라 1등을 해야만 살아남을 수 있게 된 것은 슈퍼스타 경제학의 그늘이에요. 노력해도 기회를 얻기 어려운 사람들도 생겨나고 있지요. 따라서 모든 사람이 실력을 발휘하고 정당한 보상을 받을 수 있는 공정한 환경을 만드는 것이 중요해요.

* 통합: 둘 이상의 조직이나 기구 따위를 하나로 합침.

경제 상식 채우기

승자독식

싸움이나 경기에서 이긴 사람이 모든 것을 가져가고, 2등 이하에게는 거의 기회가 돌아오지 않는 것을 말해. '슈퍼스타 경제학'과 비슷한 개념이지. 예를 들어 구글, 아마존, 배달 앱 등 디지털 플랫폼은 초기 진입 장벽이 낮아졌지만, 한번 시장을 장악한 기업이 이익을 독점하게 되는 것도 이 승자독식 구조 때문이야.

사실 확인하기

이 기사를 읽고 남긴 메모 중 잘못된 내용을 찾아 동그라미 쳐 봐.

슈퍼스타 경제학은 소수의 스타가 나머지 모두의 이익을 보장하는 현상을 말해요.	정보가 빠르게 퍼지는 환경이 슈퍼스타 경제학 현상을 키웠어요.	슈퍼스타 경제학은 운동선수, 기업, 제품 등 많은 분야에서 나타날 수 있어요.

적용하기

다음 글의 내용과 관련된 경제 현상을 기사에서 찾아 써 봐.

서울의 한 식당은 TV 프로그램에 소개된 뒤 손님이 몰리면서 매일 긴 줄이 생겼어요. 가게는 예약이 밀려 몇 달 뒤에야 겨우 식사할 수 있을 정도로 인기가 높아졌지요. 하지만 근처에 있는 다른 식당들은 손님이 줄어 문을 닫는 곳도 생겼어요.

어휘 살펴보기

초성과 뜻을 보고 낱말을 맞혀 봐. 낱말들은 모두 기사에 나와 있어!

ㅅ ㅅ	ㄷ ㅈ	ㅂ ㅅ
적은 수.	혼자서 모두 차지함.	어떤 것에 대한 대가로 갚음.
한자 적다 少 셈 數	**한자** 홀로 獨 차지하다 占	**한자** 갚다 報 갚다 償

정답 첫 번째 | 슈퍼스타 경제학 | 소수, 독점, 보상

슈퍼스타 경제학은 인기 있는 소수의 사람, 제품, 브랜드 등이 다른 경쟁자들을 압도해 대부분의 돈과 인기를 차지하는 거야.

슈퍼스타 경제학에서
'스타'는 사람이 될 수도 있고,
제품이나 브랜드, 식당이나
장소가 될 수도 있어.

꼭 알고 가는 게 좋을걸?

- 스타는 소비자들이 제품이나 서비스를 살지 말지 결정하는 데 중요한 역할을 하기 때문에 경제에 큰 영향을 미치는 존재야.
- 많은 기업이 비싼 비용을 지불하고서라도 스타를 홍보나 광고에 내세우는 것도 소비자들로부터 더 큰 이익을 가져오기 위해서야. 스타의 좋은 이미지를 이용하고, 스타의 팬들을 자연스럽게 해당 제품의 소비자로 만들 수 있기 때문이지.

조사하기

포장지나 전단지, 광고 등에서 스타를 내세운 제품을 찾아보고, 제품과 스타의 이름을 써 보자.

제품	스타
예 파파존스	아이브

기사 쓰기

'슈퍼스타 경제학'에 대해 새롭게 알게 된 사실이나 너의 생각을 써 봐.

- 인기, 소비자, 구매 등의 낱말을 써 봐.
- 슈퍼스타 경제학 현상의 단점은 무엇이 있을지 생각해 봐.
- 유명인이 홍보해 무언가를 사거나 사고 싶다는 생각이 든 적이 있는지 생각해 봐.

PART3

나라 살림과 경제

정부의 세금 수입이 줄었어요

© 게티이미지코리아

나라를 운영하는 데에는 돈이 필요해요. 도로를 깔고, 다리를 놓고, 학교를 짓고, 병원을 세우는 일처럼 우리 모두가 함께 사용하는 시설에는 많은 돈이 들어가요. 또 어려운 사람을 돕는 복지 정책이나 나라의 안전을 지키는 군대를 운영할 때에도 돈이 필요하지요.

정부는 주로 국민으로부터 세금을 거둬들여 나라 운영에 필요한 돈을 마련해요.

어른들이 일해서 받는 월급에는 소득세라는 세금이 붙어요. 회사가 벌어들인 이익에는 법인세가, 집이나 땅을 살 때도 취득세 같은 세금이 붙지요.

여러분도 세금을 내고 있어요. 맛있는 간식을 사 먹거나 책, 학용품, 장난감을 살 때 물건 가격의 약 10%가 세금이지요. 이렇게 물건값에 붙는 세금을 부가가치세라고 해요.

최근에는 정부의 세금 수입이 줄어들고 있어요. 정부가 걷는 세금을 말하는 *국세 수입이 2022년 395조 원에서 2023년 344조 원, 2024년 336조 원으로 계속 감소했어요.

세금이 줄어든 가장 큰 원인은 경기 침체의 영향이에요. 세금은 기본적으로 소비, 투자 등 경제 활동에 뒤따르는 것인데, 경제 상황이 나빠지면서 세금 수입도 줄어든 거예요. 특히 기업이 내는 세금인 법인세가 큰 폭으로 줄었어요. 주요 기업들이 이익을 내지 못하고 손실을 보면서 법인세를 내지 못했기 때문이에요.

이렇게 세금 수입이 줄어들면 정부가 쓸 수 있는 돈도 감소해 국민 생활도 불편해질 수 있어요. 그래서 정부는 무엇보다 나라 살림을 잘 돌봐야 해요. 일자리를 많이 만들고 경제를 살려 사람들이 소비를 잘할 수 있도록 해야 하지요.

* 국세: 국가가 국민들로부터 거둬들이는 세금.

경제 상식 채우기

조세 부담률

국민이 벌어들인 소득 중에서 세금을 얼마나 내는지를 나타내는 경제 지표야. 정부에서 걷는 국세와 지방 자치 단체가 걷는 지방세를 합친 조세 수입을 그 나라의 국내총생산(GDP)으로 나눠서 구해. 2024년 기준 우리나라의 조세부담률은 17.6%야. 조세 부담률이 너무 높으면 국민 세금 부담이 커져 경제에 좋지 않은 영향을 미칠 수 있어.

사실 확인하기

이 기사를 읽고 남긴 메모 중 잘못된 메모를 찾아 동그라미 쳐 봐.

정부는 필요한 돈을 국민이 내는 세금으로 마련해요.	경제 상황이 안 좋아지면서 세금 수입도 감소했어요.	세금 수입이 줄어들어도 국민 생활에는 영향을 미치지 않아요.

적용하기

다음 내용과 관련된 세금의 종류는 무엇인지 써 봐.

상품이 생산되고 소비자에게 판매되기까지에는 많은 단계가 있어요. 원재료를 제공하는 곳, 상품을 생산하는 공장, 유통하는 가게까지 각 단계가 새로 만든 가치에 세금이 붙어요.

어휘 살펴보기

초성과 뜻을 보고 낱말을 맞혀 봐. 낱말들은 모두 기사에 나와 있어!

ㅅ ㄱ	ㅈ ㅊ	ㅅ ㅅ
국민이나 주민에게 거둬들이는 금전.	전진하지 못하고 제자리에 머무름.	잃어버리거나 축나서 손해를 봄.
한자 거두다, 징수하다 稅 / 돈, 금 金	**한자** 잠기다, 가라앉다 沈 / 막히다 滯	**한자** 줄다, 잃다 損 / 잃다 失

정답 세 번째 | 부가가치세(부가세) | 세금, 정체, 손실

정부와 지방 자치 단체가 국민으로부터 거둬들이는 돈을 세금이라고 해.

꼭 알고 가는 게 좋을걸?

- 세금은 나라 살림에 필요한 곳에 쓰기 위해 국민에게 걷는 돈이야.
- 세금은 국세와 지방세로 나뉘어. 국세는 정부가 걷는 세금, 지방세는 시·군·구청 등 지방 자치 단체가 걷는 세금을 말해.
- 경제 상황이 좋아지면 세금도 많이 걷혀. 경제 상황이 나빠지면 세금 수입도 줄어들지.

집 주변 약도를 그리고, 세금이 쓰이는 곳을 찾아 동그라미 쳐 봐.

우리 동네 지도

'세금'에 대해 알게 된 사실과 너의 생각을 써 봐.

- 세금의 종류와 세금이 필요한 이유에 대해 생각해 봐.
- 만약 사람들이 세금을 내지 않아 정부가 쓸 돈이 없다면 어떻게 될지 생각해 봐.

나라 살림이 적자에 빠졌어요!

© 게티이미지코리아

한 가정에서 월급을 받으면 수입이 생기고, 그 돈으로 먹고 쓰는 생활비를 지출하는 것처럼 정부도 나라 운영을 위해 여러 가지 경제 활동을 해요. 이렇게 필요한 돈을 마련하고 쓰는 과정을 재정이라고 해요. 재정은 나라의 수입과 지출을 관리하는 국가의 살림살이라고 할 수 있지요.

정부는 재정을 채우는 세입 활동을 해요. 세입은 정부의 수입이에요. 국민이 내는 세금과 기업이 내는 법인세, 그리고 정부가 가지고 있는 자산을 *운용해서 얻은 이익 등이 모두 세입이에요.

정부는 이렇게 모은 돈으로 도로를 고치고, 새로운 지하철 노선을 만들어요. 경찰관과 소방관 등과 같은 공무원에게 월급을 주고, 학교나 공원을 만드는 등의 활동으로 세출이 일어나요.

정부는 세금을 얼마나 걷고, 어디에 얼마를 쓸지 미리 계획을 세우는 예산안을 만들어요. 보통 9월 초까지 정부가 예산안을 만들어 국회에 제출하고, 국회 의원들이 예산안을 꼼꼼히 살펴본 뒤 12월 초에 '내년에 이렇게 쓰자'고 확정해요.

2026년에 정부가 쓰려고 하는 돈은 720조 원으로 전망하지만, 세금으로 들어올 돈은 그보다 적은 약 400조 원 정도 될 것으로 보여요. 내년에는 재정 적자가 *불가피할 전망이에요. 가정에서도 수입보다 지출이 많으면 곤란하듯, 나라 살림도 마찬가지예요. 수입보다 지출이 많으면 손실이 생기는데 이를 '재정 적자'라고 해요.

이처럼 모자라는 돈을 메우기 위해 정부는 나라 안팎에서 돈을 빌리는데, 이를 국가 채무라고 해요. 현재 우리나라가 빌린 돈은 약 1,126조 원에 달해요. 1년 동안 전 국민이 벌어들이는 돈의 약 47%에 이를 만큼 큰 금액이에요.

* 운용: 무엇을 움직이게 하거나 부리어 씀.
* 불가피: 피할 수 없음.

경제 상식 채우기

재정 수지

정부 예산에서 세입과 세출을 비교해 세입이 세출보다 많으면 재정 흑자, 세출이 세입보다 많으면 재정 적자야. 이 둘을 통틀어 재정 수지라고 해. 재정 적자가 생기는 이유는 쓸 돈은 많은데 경기가 나빠서 개인과 기업이 내는 세금이 줄기 때문이지. 주로 도로나 철도 건설과 같이 한꺼번에 많은 돈을 써야 할 때도 재정 적자가 발생해.

사실 확인하기

이 기사를 읽고 다음 메모 중 올바른 내용을 찾아 동그라미 쳐 봐.

얼마든지 세금을 거둬 세입을 늘리면 되기 때문에 정부 재정이 적자가 나는 일은 없어요.	우리나라는 내년에도 재정 적자가 계속될 것으로 전망돼요.	예산안은 국회에서 국회 의원들이 직접 만들어요.

적용하기

다음 낱말 카드를 활용해 빈칸을 채워 봐.

예산 | 자산 | 세출 | 적자

올해 정부는 세입보다 (　　　)이/가 더 많아 재정 (　　　)을/를 피하지 못할 것으로 보여요. 정부는 부족한 재정을 메우기 위해 국채를 발행해 빚을 지는데, 이에 따라 (　　　) 규모도 계속 늘어날 거예요.

어휘 살펴보기

초성과 뜻을 보고 낱말을 맞혀 봐. 낱말들은 모두 기사에 나와 있어!

ㅈ ㅈ	ㅈ ㅈ	ㅇ ㅅ
국가나 지방 자치 단체가 돈을 만들어 관리하는 일.	수입보다 지출이 많아서 손해가 생기는 돈.	필요한 비용을 미리 헤아려 계산함. 또는 그 비용.
한자 재물 財 나라를 다스리다 政	**한자** 붉다 赤 글자 字	**한자** 미리 豫 계산, 셈 算

정부와 지방 자치 단체가 경제 활동을 하는 것을 재정이라고 해.
재정의 주요 수입은 국민들이 내는 세금으로 이루어져.

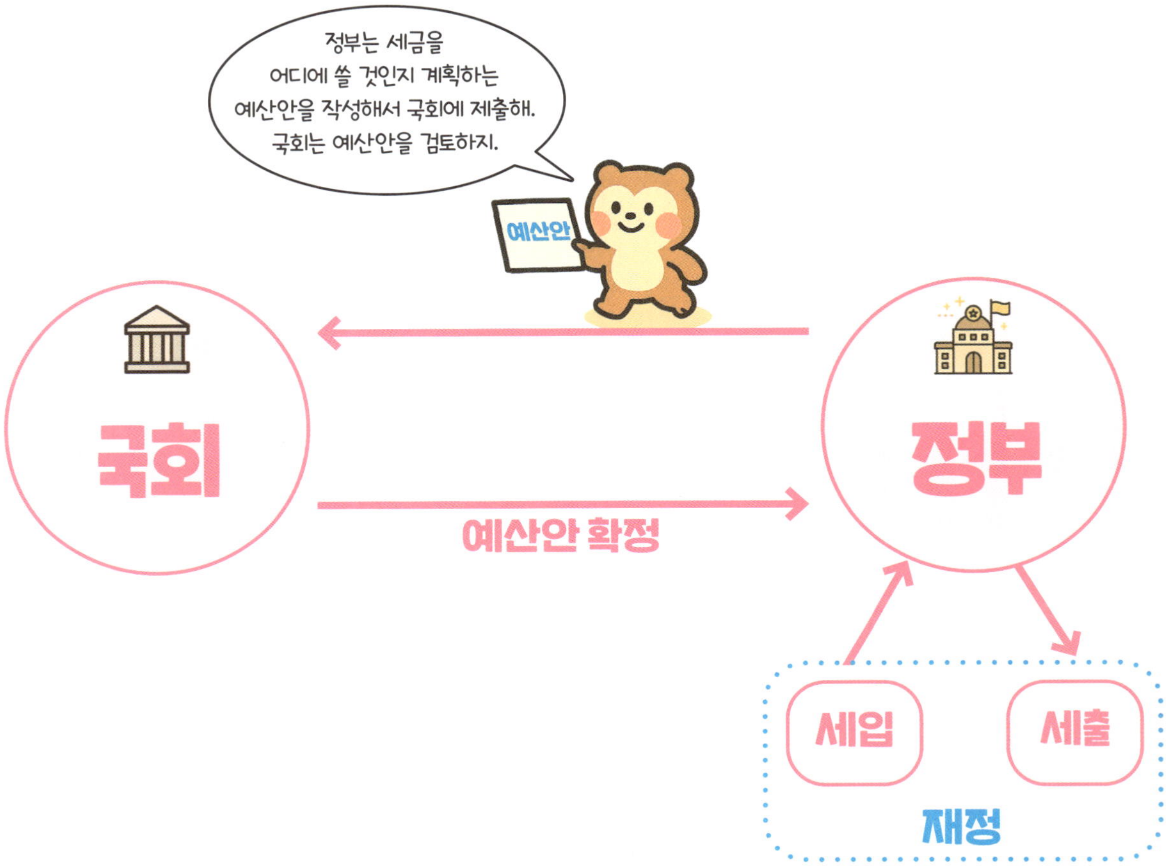

꼭 알고 가는 게 좋을걸?

- 정부 재정은 세입이 가장 큰 비중을 차지하지만, 부족한 부분은 국채, 기금 등을 통해서도 마련할 수 있어.
- 한 나라의 경제 규모(GDP)에 비해 채무가 얼마나 차지하는지 계산한 것이 국가 채무 비율이야. 우리나라의 국가 채무 비율은 47.2%로 코로나19 이후 늘어났지만 세계 주요 나라와 비교하면 낮은 수준이야.

조사하기

<보기>는 나라의 재정이 많이 쓰이는 분야를 나타내. 다음 내용에 맞는 분야를 <보기>에서 찾아 써 봐.

보기 국방, 노동, 보건, 교육, 행정, 복지

1 어르신들에게 나눠 주는 기초 연금, 아픈 사람에게 지급하는 건강 보험금, 기초 생활 수급자 등 취약 계층에게 지급하는 생활비 등이 여기에 포함돼요. ________

2 정부가 일하는 데 필요한 돈으로, 공무원 월급, 공공 기관 운영비 등에 써요. ________

3 초·중·고등학교 운영, 무상 급식, 교과서 지원, 장학금 지급, 학교 시설 수리 등 어린이와 청소년을 가르치고 키우는 데 써요. ________

4 군인에게 월급을 주고, 무기를 구입해요. 나라를 지키는 데 필요한 여러 시설을 만들고 고치는 데 필요한 예산이에요. ________

기사 쓰기

'재정'에 대해 알 수 있는 사실과 너의 생각을 써 봐.

- 한 나라의 재정이 필요한 이유를 생각하고, 어떻게 운영되고 있는지 생각해 봐.
- 재정이 부족하면 어떤 일이 벌어질지 생각해 봐.

초라한 성적표를 받은 한국 경제

© 게티이미지코리아

최근 우리나라 경제 성장률이 낮아지고 있어 걱정하는 목소리가 커지고 있어요. 2024년에 경제 성장률이 2%에 그쳤거든요. 전문가들은 머지않아 우리나라 경제 성장률이 1% 아래로 내려갈 것으로 전망하고 있어요.

경제 성장률은 국내총생산(GDP)이 얼마나 늘었는지를 나타낸 것이에요. 국내총생산은 한 나라 안에서 일정 기간 새롭게 생산한 모든 재화와 서비스의 가치를 *합산한 거예요. 예를 들어 농부가 키운 사과, 빵집에서 만든 빵, 공장에서 만든 자동차는 재화예요. 의사의 진료, 미용실에서 한 커트 등은 서비스이지요. 이 모든 것을 돈으로 계산해서 합친 것이 GDP예요.

예를 들어 올해 우리나라에서 다른 생산물은 없고, 한 대에 2,000만 원인 자동차가 100대 생산됐다면 우리나라의 국내총생산(GDP)은 20억 원이에요.

국내총생산(GDP)으로 한 나라의 경제 규모를 알 수 있어요. 국내총생산이 크다는 것은 많이 만들고 많이 쓰는 거라서 경제가 활발하다는 뜻이고, 국내총생산이 적으면 덜 만들고 덜 쓰는 거라서 경제가 성장하지 않는 뜻이에요.

경제 성장률이 낮아지는 현상을 '저성장'이라고 해요. 저성장은 단순히 숫자가 낮다는 뜻을 넘어 국민 생활 *전반에 영향을 미쳐요. 저성장에서 벗어나지 못하면 생활 수준이 발전 없이 제자리걸음을 하게 되고, 일자리가 줄어 취업하기도 더욱 어려워져요.

* 합산: 합하여 계산함.
* 전반: 어떤 일이나 부문에 대하여 그것에 관계되는 전체. 또는 통틀어서 모두.

경제 상식 채우기

세계 속 한국 경제

국내총생산은 영어로는 Gross Domestic Product라고 해. 대부분 줄여서 GDP라고 말하지. 국내총생산은 한 나라의 경제 규모를 나타내기 때문에 각 나라의 경제 규모를 비교할 수 있어. 2024년 전 세계 국내총생산 1~5위는 미국, 중국, 독일, 일본, 인도 순이야. 2024년을 기준으로 한국은 세계 12위야.

사실 확인하기

이 기사를 읽고 남긴 메모 중 잘못된 내용을 찾아 동그라미 쳐 봐.

국내총생산은 기업의 실적을 나타내는 경제 지표예요.	국내총생산을 통해 한 나라의 경제 규모를 알 수 있어요.	최근 우리나라 경제 성장률이 낮아지고 있어요.

적용하기

다음 빈칸에 들어갈 알맞은 낱말을 기사에서 찾아 써 봐.

☐☐ 은/는 돈을 주고 사고파는 모든 상품을 말해요.

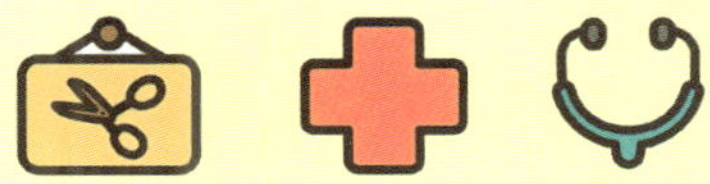

☐☐☐ 은/는 돈을 주고 사고파는 모든 도움이나 노력을 뜻해요.

어휘 살펴보기

초성과 뜻을 보고 낱말을 맞혀 봐. 낱말들은 모두 기사에 나와 있어!

ㄱ ㅊ	ㄱ ㅁ	ㅂ ㅈ
사물이 지니고 있는 쓸모.	사물이나 현상의 크기나 범위.	더 좋은 상태나 높은 단계로 나아감.
한자 값 價 가격 値	**한자** 법도 規 모양 模	**한자** 피다, 일어나다 發 펴다 展

정답 첫 번째 | 재화, 서비스 | 가치, 규모, 발전

한 나라 안에서 일정 기간 새롭게 생산된
모든 재화와 서비스의 가치를 합산한 것을 국내총생산(GDP)이라고 해.

국내총생산 GDP

한국인이든 외국인이든 상관없이
우리나라 안에서 생산한
재화나 서비스는
GDP에 포함돼.

한국에 사는 한국인이 생산한 재화와 서비스

한국에 사는 외국인이 생산한 재화와 서비스

GDP가 얼마나 늘었는지를 나타낸 것이 경제 성장률이야.
GDP가 점수라면, 경제 성장률은 점수가
얼마나 높아졌는지 혹은 낮아졌는지를 보여 주지.

꼭 알고 가는 게 좋을걸?

- '국내' 총생산이기 때문에 한국 국민이 외국에서 번 돈은 포함되지 않아. 반면, 외국인이 한국에서 번 돈은 포함돼.
- 국내총생산은 보통 3개월(분기) 또는 1년 단위로 계산해.
- 한 나라 국민의 평균적인 소득 수준을 알기 위해선 국내총생산을 인구수로 나눈 1인당 국내총생산을 계산해 봐야 해.

조사하기

다음 그래프를 살펴보고 빈칸에 알맞은 말을 써 봐.

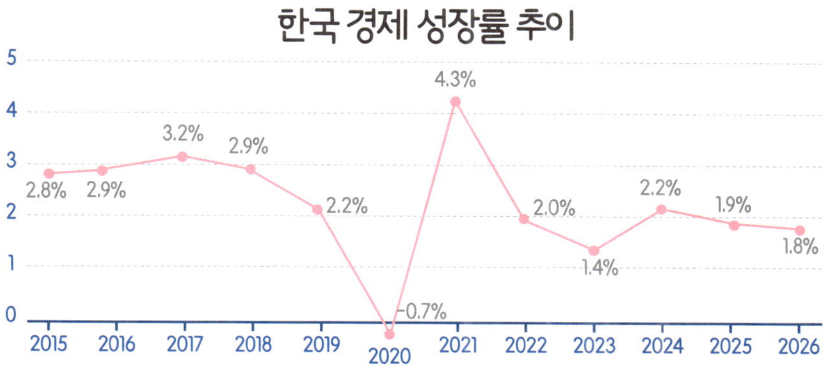

→ 2024년 이후 한국의 경제 성장률은 점점 ______________ 있어요.

기사 쓰기

'국내총생산'에 대해 알게 된 사실과 너의 생각을 써 봐.

- 국내총생산, 경제 규모, 국민 소득 등의 낱말을 활용해 봐.
- 국내총생산이 늘거나 줄면 나라 경제와 우리 생활에 어떤 변화가 있을지 생각해 봐.

아이는 줄고 어르신은 늘어나는 사회

© 게티이미지코리아

태어나는 아기의 수가 줄고, 나이 많은 어르신은 점점 늘어나는 현상이 뚜렷해지고 있어요. 이런 현상을 '저출산 고령화'라고 불러요.

실제로 1994년에는 약 72만 명의 아기가 태어났어요. 2004년에는 연간 *출생아 수가 47만 명으로 줄었다가, 2024년에 23만 명대로 급감했어요. 태어난 아이가 30년 전과 비교해서 3분의 1로 줄어든 거예요.

반대로 만 65세 이상의 인구가 차지하는 비율은 1994년에는 전체 인구의 10%에 불과했지만, 2025년에는 20%를 돌파했어요. 우리 사회가 *초고령 사회에 들어섰다고 할 수 있어요.

옛날에는 집마다 학교마다 아이들이 많아서 골목이 시끌벅적했지만, 이제는 초등학교에서는 저학년 학급의 수가 줄고, 동네 놀이터도 노는 아이들이 없어 조용할 때가 많아요. 반대로 동네 공원에서 운동하거나 산책하는 어르신들을 자주 만날 수 있어요.

저출산 고령화 현상으로 어린이집 선생님 대신에 노인정이나 요양원에서 일할 간호사와 돌봄 인력이 더 많이 필요해졌어요. 유아나 어린이를 위한 분유나 장난감보다 고령층을 대상으로 한 기저귀나 건강 식품 시장도 더 커지고 있지요.

저출산 고령화로 일할 수 있는 인구가 줄면 일할 사람이 부족해지고, 돈을 쓸 사람도 적어져요. 생산과 소비가 모두 감소하는 거예요. 경제 성장이 느려지고 더 심각해지면 경제가 후퇴할 수도 있어요. 저출산 고령화 사회는 단순히 숫자의 변화가 아니라 우리 생활 전체를 바꾸는 큰 흐름이 될 수 있어요.

* 출생아: 세상에 태어난 아기.
* 초고령 사회: 나이가 65세 이상인 사람이 전체 인구의 20%를 돌파한 사회.

경제 상식 채우기

출산 장려 제도

인구 감소에 대응하기 위해 정부와 지방 자치 단체가 다양한 지원금, 건강 관리, 육아 지원 등 정책을 통해 출산을 장려하는 제도야. 정부나 각 시, 도, 구마다 다르게 운영하고 있어. 주로 출산 장려금을 주거나 산후 조리비, 육아용품 등을 지급해서 출산한 가정에 도움을 주고 있지.

사실 확인하기

이 기사를 읽고 남긴 메모 중 올바른 내용을 찾아 동그라미를 쳐 봐.

65세 이상의 고령층이 우리나라 인구의 30%를 차지해요.	저출산 고령화가 심해지면 점차 일손이 부족해질 수 있어요.	우리나라의 출산율은 늘어나고 있어요.

적용하기

다음 빈칸에 들어갈 알맞은 한자를 골라 써 봐.

高	低
높을 고	낮을 저

우리나라는 태어나는 아기의 수가 줄고 나이 많은 어르신이 점점 늘어가는 [　　] 출산 [　　] 령화 현상이 뚜렷해지고 있어요.

어휘 살펴보기

초성과 뜻을 보고 단어를 맞혀 봐. 단어들은 모두 기사에 나와 있어!

ㅈ ㅊ ㅅ	ㅎ ㅌ	ㄱ ㄱ
일정 수준보다 아이를 적게 낳음.	발전하지 못하고 기운이 약해짐.	급작스럽게 줄어듦.
한자 낮다 低 태어나다, 낳다 出 낳다 産	**한자** 뒤 後 물러나다 退	**한자** 급하다 急 줄다 減

태어나는 아기의 수가 줄고, 나이 많은 어르신은 점점 늘어나는 현상을
'저출산 고령화'라고 불러.

꼭 알고 가는 게 좋을걸?

- 저출산과 고령화 현상을 걱정하는 이유는 젊은 층이 줄면서 일할 사람도 줄어드는 데다 새로운 산업을 키우고 기술을 개발하기도 힘들어 경제가 나빠질 수 있다는 거야.
- 고령층이 많아지면 의료비, 연금은 늘어나니까 국가 재정이 부족해질 수도 있지.
- 저출산의 원인은 딱 하나로 꼽기 힘들어. 취업의 어려움, 집값 상승, 아이를 키우는 데 드는 비용 문제 등 여러 가지 요인이 복합적으로 영향을 미쳐서 아이를 낳는 사람이 적어진 거라고 할 수 있어.

조사하기

다음 글을 읽고 저출산 고령화 현상이 계속된다면 예상되는 미래의 인구 피라미드의 모양을 그려 보자.

나이별 인구를 나타낸 그림을 인구 피라미드라고 해. 가로선은 양쪽으로 갈수록 인구가 늘어나는 거고, 세로선은 위로 올라갈수록 나이가 많아지는 거예요. 피라미드 모양은 젊은 층 인구의 비율이 높고 노년층이 적은 유형이고, 역피라미드는 반대로 노년층 인구가 늘어나고 젊은 층 인구가 적어질 때 나타나요. 항아리 모양은 출생률이 사망률보다 낮아서 인구가 감소할 때 보여요.

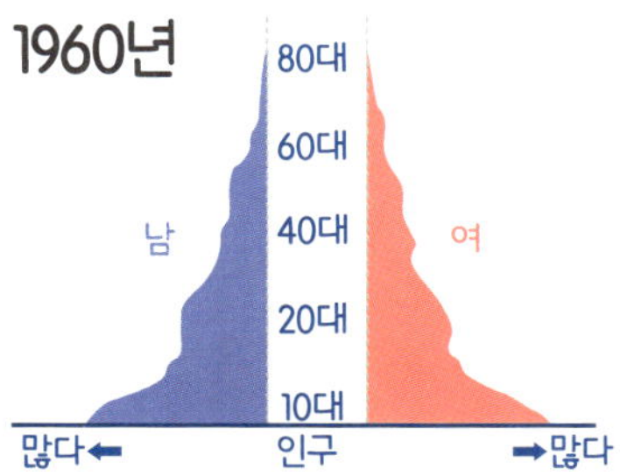

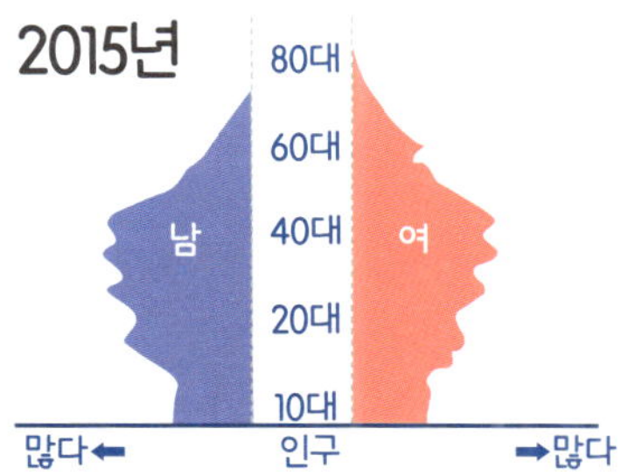

기사 쓰기

'저출산 고령화'에 대해 알 수 있는 사실과 너의 생각을 써 봐.

- 인구, 저출산, 고령화 등의 낱말을 활용해 봐.
- 저출산 고령화가 심해지면 우리 생활에 어떤 변화가 있을지 생각해 봐.

국민연금이 바닥날 수도 있다고요?

© 게티이미지코리아

나이가 들어 일할 수 없게 됐을 때 어떻게 생활비를 마련할 수 있을까요? 그럴 때 도움을 주는 제도가 바로 국민연금이에요. 국민연금을 통해 일정한 소득을 보장받을 수 있어요. 이런 제도를 일컫어 사회 보험이라고 해요.

사회 보험의 기본 원리는 간단해요. 평소 소득의 일부를 따로 모아 뒀다가 필요할 때 돌려받는 거예요.

국민연금은 60~65세 이상이 된 국민에게 일정한 금액을 매달 지급해요. 일을 하지 않아도 최소한의 생활을 할 수 있도록 돕는 거예요. 그밖에 일자리를 잃은 근로자에게 일정 기간 *실업 급여를 지급하는 고용 보험, 일하다 다친 근로자를 지원하는 산재 보험 등이 있어요.

그런데 이렇게 모아 둔 국민연금이 바닥날 위험에 처했어요. 국민연금 기금이 약 40년 후인 2064년 무렵 바닥날 것으로 예상돼요.

국민연금 기금이 모자라게 된 이유는 무엇일까요? 의료 기술의 발전으로 사람들의 수명이 길어져서 그만큼 국민연금 기금에서 나가는 돈이 많아졌어요. 반면, 젊은 층 인구가 줄어 국민연금에 돈을 내는 사람은 상대적으로 적어졌지요.

병원비 일부를 지원받는 건강 보험도 비슷한 상황이에요. 새로 *적립되는 돈보다 빠져나가는 돈이 많아지고 있지요. 고령화의 영향으로 병원을 이용하는 사람이 많아졌고, 건강 보험이 적용되는 질병의 범위도 넓어졌기 때문이에요.

사회 보험 기금이 고갈되지 않게 하려면 평소 사회 보험의 가치를 인정하고 적립금을 더 내거나 돌려받는 금액을 줄여야 해요. 또 보험 기금을 다양하게 운용하고 투자해서 수익을 만드는 등 다양한 대안을 마련해야 해요.

* 실업: 일자리를 잃음.
* 적립: 모아서 쌓아 둠.

경제 상식 채우기

국민 부담률

한 나라의 국민이 부담하는 세금과 사회 보험료 수준을 나타내는 지표야. 세금에 국민연금, 건강 보험 등 사회 보험료를 합친 금액을 국내총생산으로 나눠서 구해. 우리나라의 국민 부담률은 최근 빠른 속도로 높아지고 있어. 고령화의 영향으로 보험료 부담이 커진 탓이야.

사실 확인하기

이 기사를 읽고 남긴 메모 중 잘못된 내용을 찾아 동그라미 쳐 봐.

우리나라엔 국민의 노후를 대비한 제도가 없어요.	국민연금, 건강 보험 등의 제도를 사회 보험이라고 해요.	저출산 고령화 탓에 사회 보험을 위해 모아 둔 돈이 바닥날 위험이 높아졌어요.

적용하기

사회 보험에는 국민연금, 건강 보험, 고용 보험 등이 있어. 이 제도들이 없다면 어떤 불편함이 있을지 써 봐.

예 국민연금: 나이 들어서 일을 할 수 없을 때 먹고살 돈이 없을 거예요.

- 건강 보험: 질병이나 부상으로 인한 치료 시에 비용 부담을 줄여 주는 사회 보험.
- 고용 보험: 일자리를 잃었을 때 소득이나 재취업을 지원해 주는 사회 보험.

어휘 살펴보기

초성과 뜻을 보고 낱말을 맞혀 봐. 낱말들은 모두 기사에 나와 있어!

ㅂ ㅈ	ㄱ ㄱ	ㄱ ㄱ
어떤 일이 어려움 없이 이뤄지도록 보호함.	어떤 목적에 쓸 기본적인 돈.	물이 말라서 없어짐. 돈 따위가 다하여 없어짐.
한자 지키다 保 막다 障	**한자** 기초, 근본 基 쇠, 금 金	**한자** 마르다 枯 목마르다 渴

정답 첫 번째 | 자유롭게 쓰기 | 보장, 기금, 고갈

질병, 부상, 실업, 노령 등으로 어려움에 처한 사람을
도와주는 제도를 사회 보험이라고 해.

사회보험

평소 소득의 일부를 모아 뒀다가 필요한 일이 생겼을 때 돌려받는 거야.

국민연금

나이가 들어 일할 수 없게 됐을 땐 일정한 소득을 지원해 줘.

고용 보험

일자리를 잃은 근로자에게 일정 기간 실업 급여를 지급해 줘.

건강 보험

병원비의 일부를 지원해 줘.

산재 보험

일하다 다친 근로자를 지원해 줘.

꼭 알고 가는 게 좋을걸?

- 사회 보험은 경제적으로 어려움에 처한 사람을 도와주기 위한 제도야.
- 우리나라의 사회 보험에는 국민연금, 건강 보험, 고용 보험, 산재 보험이 있어. 이 4가지를 '4대 보험'이라고도 해.
- 고령화의 영향으로 사회 보험 기금이 점점 바닥을 드러내고 있어. 기금이 고갈되는 것을 대비하기 위해 대안을 마련해야 해.

조사하기

주변에서 사회 보험 혜택을 받아 이용하고 있는 사례를 조사해 봐.

예 얼마 전 다리를 다쳐 병원에 갔는데 건강 보험 덕분에 병원비를 아낄 수 있어요.

예 할아버지가 국민연금을 받아 생활비로 쓰고 있어요.

기사 쓰기

'사회 보험'에 대해 알게 된 사실과 너의 생각을 써 봐.

- 사회 보험, 기금, 적립금 등의 낱말을 활용해 봐.
- 사회 보험의 장점이 무엇인지 생각해 봐.
- 고령화 사회가 계속되면 사회 보험은 어떻게 될지 생각해 봐.

우리나라 무역이 흑자를 기록했어요

© 게티이미지코리아

우리나라는 다른 나라와 무역을 많이 하는 편이에요. 나라와 나라 사이에 서로 물건을 사고파는 일을 무역이라고 해요.

한국은 2024년을 기준으로 전 세계에서 여섯 번째로 수출을 많이 했어요. 반도체, 자동차, 휴대폰 등을 해외에 많이 팔았지요. 반대로 국내에 있는 자동차나 공장을 움직이기 위해서 외국에서 원유나 기계 등을 수입해야 해요.

국내 기업이 물건을 생산해 해외에 팔아서 번 돈과 해외에서 물건을 수입하느라 쓴 돈을 비교했을 때, 번 돈이 더 많으면 이득이겠지요? 이렇게 일정 기간 무역으로 생기는 수출과 수입을 '무역 수지'라고 해요. 수출을 많이 해 번 돈이 많으면 무역 수지 흑자, 반대로 수입한 돈이 더 많으면 무역 수지 적자라고 해요.

예를 들어 한국이 자동차를 100억 달러 수출하고 원유를 70억 달러 수입했다면 무역 수지 흑자가 30억 달러인 거예요. 무역 수지는 물건의 수출액과 수입액 차이를 의미하기 때문에 '상품 수지'라고도 하지요.

무역 수지는 기간을 정해서 계산해요. 한 달, 한 분기(3개월), 1년과 같이 나누어서 따져요. 또 특정 지역만 따지거나 한 나라 전체를 계산하기도 해요. '충청남도 3월 무역 수지', '농산물 무역 수지', '2024년 대미 무역 수지'와 같이 표현할 수 있지요. 대미 무역 수지는 미국을 상대로 한 수출과 수입을 말해요. 실제로 2024년 우리나라의 대미 무역 수지는 557억 달러(78조 5000억 원) 흑자를 기록했어요.

무역 수지를 통해 우리나라 제품이 해외에서 얼마나 경쟁력이 있는지, 해외에서 수요가 높은지 등의 산업 구조를 알 수 있어요.

경제 상식 채우기

경상 수지

눈에 보이는 상품은 아니지만, 우리 국민이 해외 여행을 떠나서 돈을 쓰고, 한국 가수가 해외에서 대규모 콘서트를 열고 번 돈 등을 포함해서 '경상 수지'라고 해. 경상, 수지는 상품의 수출입에 관한 무역 수지를 포함한 더 큰 개념으로 전체적인 경제 지표를 알 수 있어.

사실 확인하기

이 기사를 읽고 남긴 메모 중 잘못된 내용을 찾아 동그라미를 쳐 봐.

한국은 세계 10위 안에 드는 수출을 많이 하는 국가예요.	한 나라의 수출보다 수입이 많으면 이 나라는 무역 수지 적자 국가예요.	무역 수지는 기간을 정하지 않고 계산해요.

적용하기

다음 글을 읽고, 김치 무역 수지가 흑자인지 적자인지 빈칸에 써 봐.

2025년 김치 수출액이 역대 최대 수치를 기록할 것으로 예상돼요. 현재 김치 수출 금액은 약 1,950억 원이에요. 하지만 김치 수입액도 최대치를 기록할 것으로 전망돼요. 현재 김치 수입 금액은 약 2,260억 원이에요.

____

어휘 살펴보기

초성과 뜻을 보고 낱말을 맞혀 봐. 낱말들은 모두 기사에 나와 있어!

ㅅ ㅈ	ㅎ ㅈ	ㅈ ㅈ
수입과 지출.	지출보다 수입이 많아서 생기는 이익.	수입보다 지출이 많아서 생기는 손해.
한자 거두다 收 지탱하다 支	**한자** 검다 黑 글자 字	**한자** 붉다 赤 글자 字

정답 세 번째 | 적자 | 수지, 흑자, 적자

다른 나라와 물건을 사고파는 걸 무역이라고 해. 우리나라가 다른 나라에 물건을 파는 것은 수출, 다른 나라에서 물건을 사는 것은 수입이야.

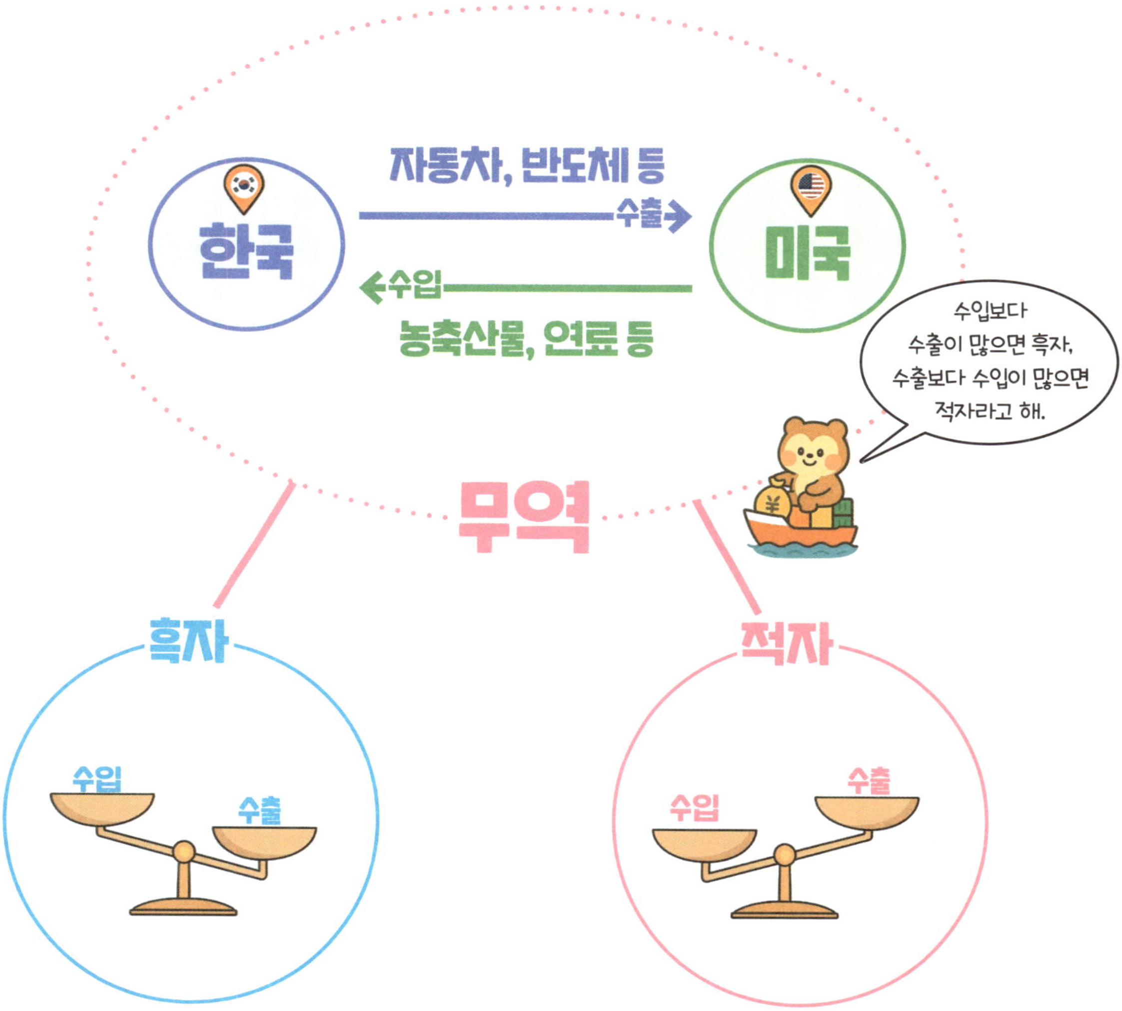

꼭 알고 가는 게 좋을걸?

- 다른 나라와 물건을 사고파는 걸 무역이라고 해.
- 수출해서 번 돈과 수입해서 쓴 돈의 차이를 무역 수지라고 해.
- 가계 경제와 마찬가지로 무역에서 번 돈이 많을 때는 흑자, 쓴 돈이 많을 때는 적자라고 해.

조사하기

집에 있는 물건 중에서 수입한 제품을 찾아보고 어디에서 수입한 것인지 조사해 봐. 또 우리나라가 수출을 많이 하는 품목도 찾아봐.

수입한 물건	수입국	수출한 품목	수출국
예 로봇 청소기	중국	휴대폰	베트남

기사 쓰기

'무역'에 대해 알 수 있는 사실과 너의 생각을 써 봐.

- 수출, 수입, 무역 등의 낱말을 활용해 봐.
- 무역 수지와 경상 수지의 차이점을 써 봐.
- 우리나라의 기업이 주로 수출하는 상품과 우리나라에서 생산되지 않아 수입하는 물건을 조사해서 써 봐.

경제에도 사계절이 있다면?

© 게티이미지코리아

자연에는 봄, 여름, 가을, 겨울 사계절이 있어서 계절마다 기온과 강수량 등이 달라져요. 경제에도 계절 변화와 비슷한 현상이 있어요. 추운 겨울이 지나면 따뜻한 봄이 오듯이 경제가 꽁꽁 얼어붙었다가 다시 풀리기를 *반복하는 거예요.

이처럼 경제 상황이 좋아졌다 나빠졌다 하는 것을 경기 순환이라고 해요. 경기가 나빠졌다 좋아지는 데는 일정한 주기가 있어요. 이 주기로 경제의 흐름을 알 수 있어요. 경기 순환은 보통 확장, 후퇴, *수축, 회복 등 네 단계로 나눌 수 있는데요.

확장은 경기가 가장 좋을 때를 말해요. 후퇴는 경기가 가장 좋을 때를 지나 조금씩 나빠지기 시작하는 상황을 뜻해요. 경기가 아주 안 좋은 상황으로 빠져드는 것은 수축이라고 해요. 경기가 바닥을 찍고 다시 좋아지기 시작하면 회복이라고 하죠.

확장과 후퇴를 묶어서 '호황', 수축과 회복을 묶어서 '불황'이라고도 해요. 호황기엔 기업의 매출이 늘고 장사가 잘돼 가계 소득이 늘고, 일자리도 많아져요. 불황기엔 정반대의 일이 일어나요. 기업의 매출이 줄고 장사가 안돼 가계 소득이 줄고, 취업도 어려워져요.

경기가 호황인지 불황인지는 어떻게 알 수 있을까요? 가장 대표적인 지표는 경제 성장률이에요. 경제 성장률이 높으면 호황, 성장률이 낮으면 불황이라고 할 수 있어요.

수출과 수입이 얼마나 늘었는지, 일자리가 얼마나 생겼는지, 기업의 투자 규모가 어떤지도 경기를 판단하는 중요한 기준이에요. 주요 상권에 사람들이 얼마나 많이 오가는지, 백화점에 손님이 얼마나 몰리는지 등을 유심히 살펴보면 생활 속에서도 경기를 알 수 있어요.

* 반복: 같은 일을 되풀이함.
* 수축: 부피나 규모가 줄어듦.

경제 상식 채우기

세계 경제 대공황

경기는 호황과 불황을 오가며 좋아졌다 나빠지기를 반복하지만 때로는 아주 심각한 경기 불황이 나타날 때도 있어. 기업들이 줄줄이 망하고 많은 사람이 일자리를 잃는 등 경제가 혼란에 빠지는 것을 '공황'이라고 해. 1929년 미국에서 시작돼 전 세계로 번진 대공황이 대표적이야. 당시 미국인 4명 중 1명이 일자리를 잃었을 만큼 심각한 경제 위기가 발생했어.

사실 확인하기

이 기사를 읽고 남긴 메모 중 잘못된 내용을 찾아 동그라미 쳐 봐.

경제는 늘 일정한 상태를 유지해요.	경제 상황이 좋아졌다 나빠졌다 하는 것을 경기 순환이라고 해요.	경제가 호황일 땐 기업의 매출이 늘고 일자리도 많이 생겨요.

적용하기

경기 순환을 나타내는 그래프에서 '호황'에 해당하는 곳에 색칠해 봐.

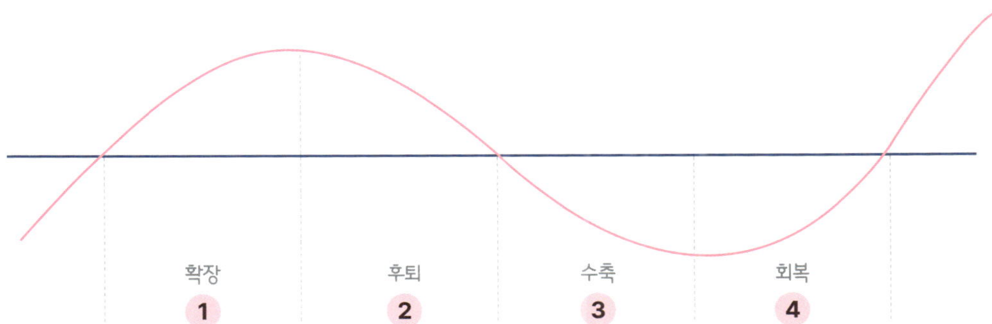

어휘 살펴보기

초성과 뜻을 보고 낱말을 맞혀 봐. 낱말들은 모두 기사에 나와 있어!

ㅅ ㅎ	ㅎ ㅎ	ㅂ ㅎ
주기적으로 되풀이하여 돎.	경기가 좋음. 생산, 소비 등 경제 활동이 활발한 상태.	경제 활동이 침체된 상태.
한자 돌다 循 / 고리 環	**한자** 좋다 好 / 상황 況	**한자** 아니다 不 / 상황, 형편 況

정답 첫 번째 | 1~2 | 순환, 호황, 불황

봄, 여름, 가을, 겨울 사계절이 있는 것처럼 경제 상황도 계속 달라져.
경제가 좋아졌다 나빠졌다를 반복하는 것을 경기 순환이라고 해.

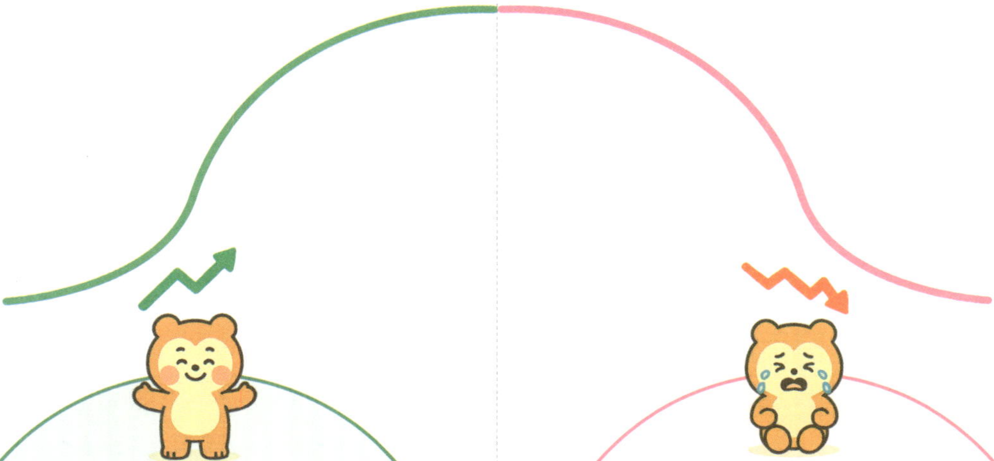

호황

경제 상황이 좋을 때는
호황이라고 해.
호황기에는 매출이 늘고,
소득도 늘어 일자리가
많이 생겨.

불황

경제 상황이 나쁠 때를
불황이라고 해.
불황기엔 장사가 잘 안 되고,
소득이 적어지며,
취업도 어려워져.

꼭 알고 가는 게 좋을걸?

- 계절 변화처럼 경제 상황이 끊임없이 변화하는 것을 경기 순환이라고 해.
- 호황은 경제가 좋은 상황을, 불황은 경제가 나쁜 상황을 뜻해.
- 백화점에 손님이 얼마나 있는지, 가게들이 장사가 잘되는지 등 주변에서 일어나는 일을 통해서도 경제가 좋은지 나쁜지를 판단할 수 있어.

조사하기

일상생활에서 요즘 경기가 어떤지 알 수 있었던 경험을 생각해 보자.

장소	경험
예 마트	집 앞 마트가 이번주까지만 영업을 하고 폐업해요.

기사 쓰기

'경기 순환'에 대해 알게 된 사실이나 너의 생각을 써 봐.

- 경기 순환, 호황, 불황 등의 낱말을 활용해 봐.
- 호황이 될 것 같은지 불황이 될 것 같은지 판단하고, 그 이유를 생각해 봐.
- 만약 불황이라면 상점과 기업의 매출과 사람들의 소득, 일자리 등이 어떻게 될지 생각해 봐.

이제 한국도 다문화 국가!

© 게티이미지코리아

2025년 6월 기준, 한국에 *거주하는 외국인이 273만 명에 달해요. 한국의 총인구와 비교했을 때 외국인의 비율이 약 5.3%를 차지해요. 통상 외국인 거주자가 인구의 5% 이상이면 다문화·다인종 국가로 분류해요. 즉, 우리나라도 더는 단일 민족 국가라고 부르기 어려운 시대가 됐어요.

부모 중 한 명이 외국인인 다문화 가정도 약 43만 가구로 집계돼요. 이들까지 포함하면 우리나라에 사는 외국인과 다문화 인구는 총 350만 명을 훌쩍 넘을 것으로 추정돼요.

국내에 외국인이 많이 들어오기 시작한 때는 1992년 *한중 수교부터예요. 중국 국적을 가진 교포들이 일자리를 찾아 대거 한국으로 들어왔고, 농촌 지역의 남성들을 중심으로 국제결혼이 증가하면서 중국, 베트남, 필리핀, 태국 등 여러 아시아 지역의 여성들이 한국에서 새로운 터전을 마련했어요.

이후 건설업, 조선업, 농업 등 다양한 산업 분야에서 일할 외국인 근로자들이 꾸준히 한국으로 이주했지요. 현재 국내 대학에서 공부하는 외국인 유학생도 약 25만 명에 달하는데 정부와 기업들은 과학·기술 분야의 외국인 인재를 유치하기 위해서도 노력하고 있어요.

다문화 사회는 경제적 측면에서도 긍정적인 변화가 일어나요. 외국인 근로자와 유학생, 전문 인력의 유입으로 노동력 부족을 보완할 수 있어요. 하지만 동시에 서로 다른 문화에 대한 이해와 존중이 중요해져요. 언어나 생활 습관의 차이로 인해 생길 수 있는 오해나 갈등을 줄이기 위해, 학교와 지역 사회에서 다문화 교육과 포용적 정책이 필요해요.

* 거주: 일정한 곳에 머물러 삶.

* 한중 수교: 한국과 중국이 외교 관계를 맺음.

경제 상식 채우기

이주 배경 주민

이주 배경 주민은 한국으로 이주해 온 외국인은 물론이고 원래는 외국인이었지만 한국 국적을 취득한 귀화자, 이들 가정의 자녀 등을 모두 포함하는 말이야. 한국도 점점 다양한 배경을 가진 이웃들이 늘고 있어. 그래서 이들이 지역 사회에 잘 적응할 수 있도록 다양한 정책을 마련하고 있지.

사실 확인하기

이 기사를 읽고 남긴 메모 중 잘못된 내용을 찾아 동그라미 쳐 봐.

민족, 인종, 문화적으로 다양한 사회를 '다문화 사회'라고 해요.	우리나라에는 다양한 아시아 국가 출신의 사람들이 살고 있어요.	관광객이 많이 늘어나면 다문화 사회라고 할 수 있어요.

적용하기

다음 글을 읽고, 나라에서 다문화 정책을 펼치는 이유를 써 봐.

독일은 제2차 세계 대전 이후 부족해진 노동력을 채우기 위해 1960년대부터 이주 노동자를 적극적으로 받아들이기 시작했어요. 지금은 이주민을 위한 정책이 잘 되어 있다는 평가를 받지만, 이주민을 향한 편견 등 사회적 갈등을 해결하는 숙제가 남아 있어요.

어휘 살펴보기

초성과 뜻을 보고 단어를 맞혀 봐. 단어들은 모두 기사에 나와 있어!

ㅇ ㄱ ㅇ	ㄴ ㄷ ㄹ	ㄷ ㅁ ㅎ
다른 나라 사람.	일을 하는 데 쓰이는 사람의 정신적 능력과 육체적 능력.	한 사회 안에 여러 민족이나 국가의 문화가 섞임.
한자 바깥 外 나라 國 사람 人	**한자** 수고롭다 勞 움직이다 動 힘 力	**한자** 많다 多 문화 文 되다 化

외국인 거주자가 전체 인구의 5% 이상이면 다문화·다인종 국가라고 해.
외국인이 증가한 이유로는 주로 취업, 결혼, 유학이 꼽히고 있어.

국내 거주 외국인 인구

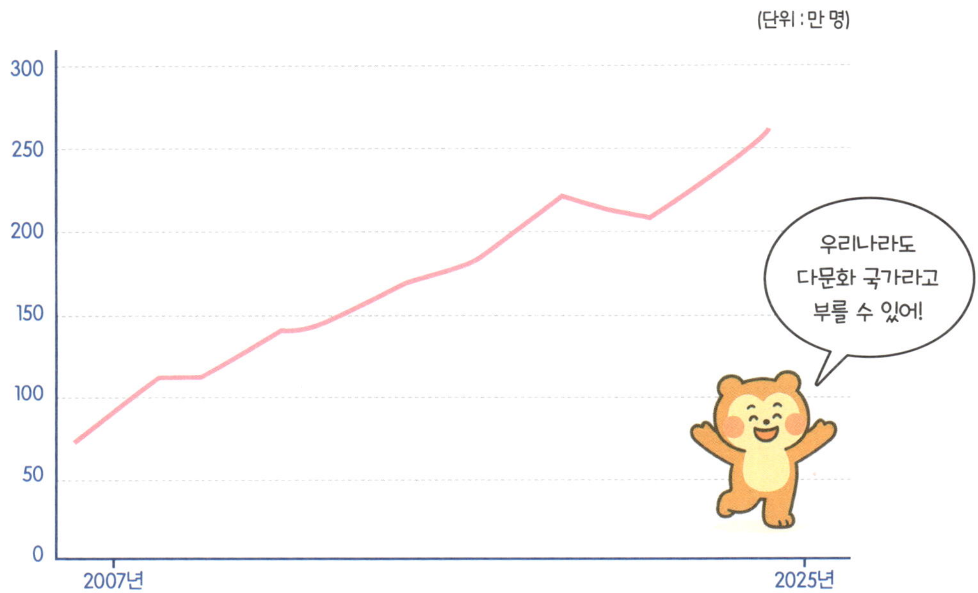

꼭 알고 가는 게 좋을걸?

- 우리나라에 거주하는 총인구 중 외국인의 비율이 약 5.3%이므로, 우리나라는 다문화 국가야.
- 저출산 현상이 계속되면 나중에 일할 젊은이들이 부족해지는데, 이때 젊은 외국인들이 국내에 거주하면서 일함으로써 경제에 도움이 될 수 있어.
- 인종과 피부색, 문화, 종교에 상관없이 다 함께 어울려 살아가려면 서로를 이해하고 존중해야 해.

조사하기

주변에서 외국인 또는 이주 배경 주민을 만나 본 적이 있다면 그 경험을 적어 봐. 인터뷰해 봐도 좋아!

이름	국적	한국에 온 이유
예 샐리	미국	영어 학원에서 일하려고 왔어요.

기사 쓰기

'다문화 사회'에 대해 알게 된 사실이나 너의 생각을 써 봐.

- 외국인, 거주자, 다문화 등의 낱말을 활용해 봐.
- 어떤 이유로 외국인이 늘어나는지 생각해 봐.
- 다문화 국가가 되면 우리 생활이 어떻게 달라질지 생각해 봐.

PART 4

세계 경제 속 우리나라

한국 라면이 전 세계에 불티나게 팔려요!

© 게티이미지코리아

2025년 상반기 우리나라의 라면 수출액이 역대 최대를 기록했어요. 반년 동안 라면 수출액이 1조 원을 넘은 것은 사상 처음이에요. 한국 영화, 드라마 등 K-컬처의 인기가 계속되면서 라면을 비롯한 K-푸드 인기도 전 세계로 확산되고 있어요.

이러한 K-푸드의 인기는 전 세계 경제가 무역을 통해 하나로 연결돼 있다는 것을 보여 주는 사례 중 하나예요. 오늘날 거의 모든 나라는 다른 나라와 무역하고 있어요. 무역을 통해 여러 가지 *이점을 얻을 수 있기 때문이에요.

무역을 하면 그 나라에는 없는 상품을 수입해서 쓸 수 있어요. 우리나라에 없는 대표적인 것이 석유예요. 석유는 자동차 휘발유의 원료이기 때문에 만약 석유를 수입하지 않는다면 우리는 자동차를 탈 수 없을 거예요.

우리나라에서 만든 상품을 외국에 팔아 돈을 벌 수 있다는 것도 무역의 좋은 점이에요. 국내 식품 기업이 라면 등을 외국에 수출해 매출을 크게 늘린 것처럼요. 외국 소비자 입장에서는 우리나라에 오지 않고도 맛있는 한국 라면을 먹을 수 있으니 서로 좋은 일이지요.

세계 각국의 다양한 상품을 수입하는 덕분에 국내 소비자들도 해외에 나가지 않고도 다양한 물건을 저렴한 가격에 살 수 있어요. 예를 들어 수해나 무더위 영향으로 채소와 과일 등의 가격이 크게 올랐을 때 외국산 농산물 수입을 늘리면 물가가 안정되는 효과를 볼 수 있어요.

우리나라는 경제에서 무역이 차지하는 비중이 매우 큰 나라 중 하나예요. 국내 시장 규모가 크지 않아서 국산품을 외국에 수출해 경제를 발전시키는 전략을 선택했기 때문이에요.

* 이점: 이익이 되는 점.

경제 상식 채우기

수출 지향 공업화

해외 시장에 판매할 목적으로 공업을 발전시켜 경제를 성장시키는 일을 말해. 우리나라는 1960년대 이후 수출 지향 공업화로 경제를 빠르게 성장시켰어. 이와 반대로 수입품을 국산품으로 대체하는 공업화 전략을 '수입 대체 공업화'라고 해. 우리나라처럼 빠르게 경제 성장을 이룬 나라들은 대부분 수출 지향 공업화 전략을 택했어.

사실 확인하기

이 기사를 읽고 남긴 메모 중 잘못된 내용을 찾아 동그라미 쳐 봐.

우리나라에서 생산한 라면 수출이 늘고 있어요.	외국 상품을 수입하는 나라는 손해를 입어요.	수출하면 국내 기업이 돈을 더 많이 벌 수 있어요.

적용하기

다음 낱말 카드를 활용해 빈칸을 채워 봐.

수입　　수출

- 우리나라의 라면 [　　　　]은 지난해 같은 기간보다 24.7% 늘었다고 해요.
- 우리나라는 석유가 나오지 않기 때문에 석유를 [　　　　]해야 해요.

어휘 살펴보기

초성과 뜻을 보고 단어를 맞혀 봐. 단어들은 모두 기사에 나와 있어!

ㅅ ㅅ	ㄱ ㅅ ㅍ	ㅂ ㅈ
역사에 나타나 있는 바.	자기 나라에서 생산한 물건.	다른 것과 비교한 중요도.
한자 역사 史 위 上	한자 나라 國 낳다 産 물건 品	한자 견주다 比 무겁다 重

정답 두 번째 | 수출, 수입 | 사상, 국산품, 비중

많은 나라가 자원과 상품을 다른 나라에 팔고, 부족한 것은 사 와.
이러한 거래를 통해 기업과 국가 경제가 성장하지.

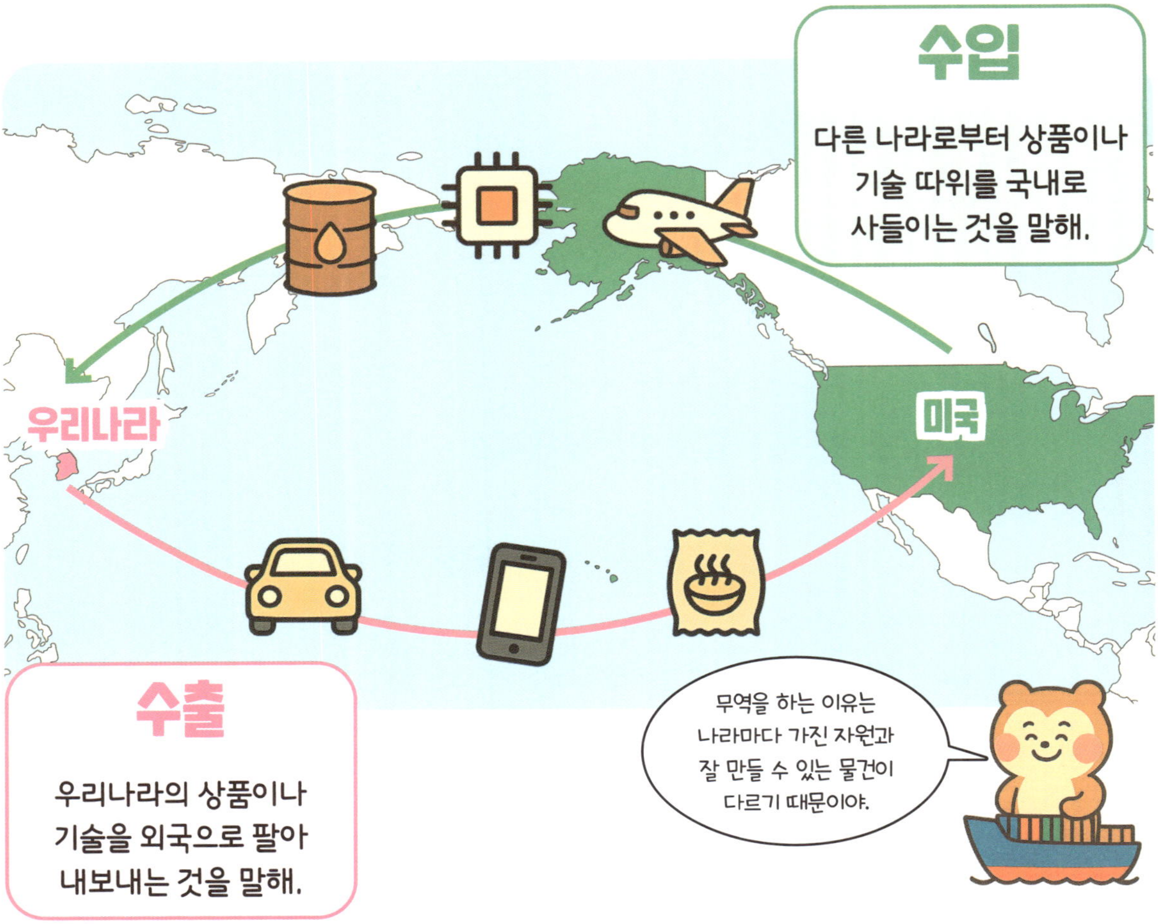

꼭 알고 가는 게 좋을걸?

- 무역은 나라와 나라 사이에 상품을 사고파는 것을 말해. 오늘날 전 세계의 거의 모든 나라는 다른 나라와 무역을 하고 있어.
- 수출을 통해 국내 일자리를 늘릴 수 있고, 수입을 통해 국내에서 생산하기 어려운 물건을 사용할 수 있어.
- 우리나라는 무역이 경제에서 차지하는 비중이 아주 큰 나라야. 그래서 우리 경제에서는 수출과 수입이 매우 중요해.

조사하기

나와 우리 가족이 사용하고 있는 물건 중 외국에서 수입한 물건이 있다면 어떤 물건인지, 어디서 수입한 것인지 조사해 보자.

나		부모님	
물건	수입한 나라	물건	수입한 나라
예 공책	중국	예 청소기	독일

기사 쓰기

'무역'에 대해 알게 된 사실이나 너의 생각을 써 봐.

- 무역, 수출, 수입 등의 낱말을 활용해 봐.
- 외국에서 물건을 수입하지 않는다면 생활에 어떤 불편이 생길지 생각해 봐.
- 우리나라의 대표적인 수출 상품을 찾아보고, 수출이 우리나라 경제에 어떤 영향을 미치는지 생각해 봐.

원·달러 환율, 어디까지 올라갈까요?

© 게티이미지코리아

다른 나라에 여행을 갈 때는 그 나라의 돈으로 바꾸어 가야 해요. 나라마다 쓰는 돈이 따로 있기 때문이에요. 한국은 원, 미국은 달러, 일본은 엔, 중국은 위안 등과 같이 이름과 생김새가 각각 다르지요. 각 나라의 돈은 이름과 모양만 다른 것이 아니에요. 돈의 가치도 달라요. 우리나라 돈 1원과 미국 돈 1달러가 서로 같지 않다는 말이에요.

그럼 미국 1달러가 우리나라 돈으로 얼마와 같을까요? 두 화폐의 가치를 비교해 서로 교환하는 비율을 '환율'이라고 해요. 그런데 이 환율은 얼마라고 정해져 있지 않고 계속 변해요. '미국 1달러는 *원화로 ○○○○원'이라고 딱 정해진 게 아니에요. 매일, 하루에도 여러 번 변동해요.

예를 들어 원·달러 환율이 1,000원이라고 하면, 은행에 가서 우리 돈 1,000원과 미국 돈 1달러를 바꿀 수 있어요. 하지만 환율이 1,400원으로 오르면 우리 돈 1,400원을 줘야 1달러를 받을 수 있어요. 환율이 오르면 우리나라 돈과 비교한 외국 돈의 가치가 높아졌다는 얘기예요. 환율이 내려가면 정반대로 우리 돈의 가치가 올라갔다는 뜻이에요.

최근에는 원·달러 환율이 1,470원대까지 치솟으면서 1,500원을 눈앞에 두고 있어요(2025년 11월 기준). 원화의 가치가 그만큼 하락한 거예요.

환율이 오르거나 내리는 이유는 나라의 경제 상황에 따라 달라요. 물건을 사고파는 양, 여행하는 사람들의 수 등에 따라 영향을 받기 때문이에요.

환율이 오르면 해외 여행을 갈 때 더 많은 돈이 필요해요. 외국에서 물건을 수입할 때도 더 비싸져요. 반면, 수출하는 기업은 이익을 더 얻게 되지요.

환율은 우리나라 돈과 다른 나라의 돈이 어떤 관계를 맺고 있는지를 보여 주는 지표예요. 큰 변화 없이 안정적으로 유지하는 것이 좋아요.

* 원화: 한국 돈.

경제 상식 채우기

환전

한 나라의 돈을 다른 나라의 돈으로 바꾸는 것을 말해. 예를 들어 한국의 원을 미국의 달러나 일본의 엔으로 바꾸는 거야. 여행하거나 외국 물건을 살 때 꼭 필요해. 환전할 때는 그 날의 환율에 따라 바꿀 수 있는 돈의 양이 달라져.

사실 확인하기

이 기사를 읽고 남긴 메모 중 올바른 내용을 찾아 동그라미 쳐 봐.

전 세계는 모두 '달러'라는 하나의 화폐를 사용하고 있어요.	환율이 내려가면 우리 돈의 가치가 올라갔다는 뜻이에요.	환율은 쉽게 변하지 않고 고정돼 있어요.

적용하기

다음 내용에서 환율이 오르는 경우이면 ↑, 환율이 내려가는 경우이면 ↓를 써 봐.

- 해외에서 수입하는 물건이나 농산물의 가격이 더 저렴하게 느껴져요. ➡ 환율 (　　)
- 해외 쇼핑몰에서 물건을 살 때 부담이 줄어요. ➡ 환율 (　　)

어휘 살펴보기

초성과 뜻을 보고 낱말을 맞혀 봐. 낱말들은 모두 기사에 나와 있어!

ㅎ ㅍ	ㅎ ㅇ	ㅂ ㄷ
물건을 교환할 때 그 가치를 재는 척도로, 동전, 지폐 등이 있음.	자기 나라 돈과 다른 나라 돈을 바꾸는 비율.	바뀌어 달라짐.
한자 재물, 상품 貨 화폐 幣	**한자** 바꾸다 換 비율 率	**한자** 변하다 變 움직이다 動

정답 두 번째 | ↓, ↓ | 화폐, 환율, 변동

환율이 오르면 우리나라 돈의 가치가 떨어지고, 환율이 내려가면 그 반대야. 환율은 물가, 기업의 이익 등에 영향을 미쳐 경제 전반의 흐름을 바꾸는 요인이지.

환율

자기 나라 돈과 다른 나라 돈의 교환 비율이야.

원·달러 환율이 내려가면

해외에서 물건을 들여올 때 비용이 줄어 수입 물가가 낮아져.

원·달러 환율이 오르면

해외에서 물건을 사오기가 비싸져서 수입 물가가 올라.

꼭 알고 가는 게 좋을걸?

- 원·달러 환율은 1달러를 살 때 필요한 원화의 크기, 즉 원화로 구매할 때 '1달러의 가격'이라고도 할 수 있어.
- 원·달러 환율이 올랐다는 뜻은 원화의 가치가 떨어졌다는 의미야. '원·달러 환율 상승(↑)= 원화 가치 하락(↓)', 반대로 '원·달러 환율 하락(↓)=원화 가치 상승(↑)'을 뜻해.

조사하기

다른 나라 화폐와 우리나라 돈의 환율을 조사해 보자.

국가	기준	원화
미국	1달러	원
일본	1엔	원
중국	1위안	원
유럽	1유로	원

기사 쓰기

'환율'에 대해 알게 된 사실과 너의 생각을 써 봐.

- 기사에 나오지 않은 나라의 돈의 이름과 원화와의 환율도 조사해 봐.
- 환율이 올랐을 때와 내려갔을 때 어떤 점이 달라지는지 정리해 봐.
- 환율 변화가 크면 어떤 일이 벌어질지 생각해 봐.

미국은 왜 높은 관세를 부과할까요?

© 게티이미지코리아

미국이 한국을 비롯해 일본 및 유럽 연합(EU) 등 주요 나라에 높은 관세를 *부과하기로 했어요.

관세는 다른 나라에서 수입하는 상품에 세금을 매기는 것을 말해요. 세금이 붙는 만큼 수입품의 가격이 높아져서 수입한 나라에서 경쟁력이 떨어져요.

미국은 한국에서 미국으로 수출하는 자동차에 25%의 관세를 부여하기로 하였다가 최근 협상을 통해 15%의 관세를 부과하기로 합의했어요. 하지만 철강 등의 품목에는 여전히 최대 50%의 관세를 유지하고 있어요. 미국은 일본과 유럽 연합의 자동차에도 각각 15%의 관세율을 적용하기로 했어요. 미국이 여러 나라에 높은 관세를 부과하기로 한 것은 미국의 제조업을 살리기 위해서예요. 과거 미국은 자동차, 철강 등에서 세계 시장을 주도한 제조업 강국이었어요. 하지만 한국, 일본, 중국 등 아시아 국가들의 기술력과 생산력이 성장하면서 미국 기업들이 세계 시장에서 밀려났지요.

도널드 트럼프 미국 대통령은 다른 나라에서 수입하는 상품에 높은 관세를 매기면 미국 기업들이 경쟁에서 유리해질 것으로 보고 있어요. 그러나 관세가 붙는 만큼 물건값이 비싸져 물가가 오르는 부작용도 생길 수 있어요.

미국은 중국산 전기차, 배터리, 반도체 등에는 최고 100%가 넘는 훨씬 높은 관세를 부과하고 있어요. 중국 경제가 미국을 추격하자 중국을 견제하기 위해 높은 관세를 부과하는 거예요. 이에 중국도 미국산 상품에 관세를 매기는 등 보복에 나섰어요. 관세 부과는 세계 최강대국 지위를 놓고 벌이는 *패권 경쟁의 의도가 있기 때문에 쉽게 끝나지 않을 것으로 예상돼요.

* 부과: 세금이나 책임을 부담하게 함.
* 패권: 어떤 분야에서 최고의 자리를 차지하여 가지는 권리와 힘.

경제 상식 채우기

미국과 중국의 패권 경쟁

미국과 중국이 정치·경제·군사 등의 분야에서 세계 최강 대국 지위를 놓고 경쟁하는 것을 말해. 2023년 기준 중국의 국내총생산(GDP)은 미국의 70% 수준이야. 미국은 중국과 격차를 벌리기 위해 반도체 부품 등 첨단 장비의 중국 수출을 막고, 여러 나라와 군사·기술 협력을 강화하고 있어.

사실 확인하기

이 기사를 읽고 남긴 메모 중 잘못된 내용을 찾아 동그라미 쳐 봐.

미국이 수입품에 대한 관세를 줄이고 있어요.	관세는 다른 나라에서 수입한 상품에 부과하는 세금이에요.	관세를 부과하면 수입품의 가격이 비싸져 물가가 오를 수 있어요.

적용하기

다음 낱말 카드를 활용해 빈칸을 채워 봐.

물가 경제 중국 관세 유럽

미국이 한국을 비롯해 주요 무역 상대국에 높은 (　　　)을/를 부과하기로 했어요. 미국이 관세를 부과하는 것은 미국의 (　　　)을/를 살리기 위해서예요. 미국은 특히 (　　　)에 높은 관세를 부과하고 있어요.

어휘 살펴보기

초성과 뜻을 보고 낱말을 맞혀 봐. 낱말들은 모두 기사에 나와 있어!

ㅎ ㅅ	ㄱ ㅈ	ㅂ ㅂ
어떤 목적에 부합하는 결정을 하기 위해 여럿이 의논함.	상대편이 자유롭게 행동하지 못하게 억누름.	남이 해를 끼친 것을 그대로 갚음.
한자 돕다 協 장사 商	한자 이끌다 牽 억제하다 制	한자 갚다 報 돌아가다 復

정답 첫 번째 | 관세, 경제, 중국 | 협상, 견제, 보복

수출 또는 수입하는 물품에 매기는 세금을 관세라고 해.

꼭 알고 가는 게 좋을걸?

- 관세는 수입품에 매기는 세금이야. 주로 자기 나라의 산업을 보호하려는 목적으로 관세를 부과해.
- 관세를 높이는 등 수입을 제한하려는 정책을 '보호 무역'이라고 해.
- 미국은 특히 중국 상품에 높은 관세를 매기고 있어. 중국도 미국 상품에 보복 관세를 부과하는 등 두 나라는 패권 경쟁을 벌이고 있어.

조사하기

다음 사례를 읽고 빈칸에 알맞은 낱말을 써 보자.

2025년 7월, 우리나라가 미국에 수출한 전기차가 1년 전보다 무려 97%나 감소했어요. 국내 자동차 기업들은 국내 생산보다 미국 현지 생산을 늘리고 있어요. 철강 수출액도 1년 전에 비해 25% 감소했어요. 전문가들은 국내 투자를 줄이고 미국에 투자하는 기업이 많아질 것으로 전망해요.

➡ 미국이 우리나라와의 자동차와 철강 무역에서 계속 적자가 발생하자 적자를 줄이기 위해서 ____________ 을/를 인상했어요. 이에 국내 기업은 미국 현지에서 자동차와 철강을 생산하려고 해요.

기사 쓰기

‘관세’와 ‘미국의 관세 정책’에 대해 알게 된 사실과 너의 생각을 써 봐.

- 관세, 수출, 수입 등의 낱말을 활용해 봐.
- 관세를 부과하면 수입품의 가격이 어떻게 되는지 생각해 봐.
- 세계의 여러 나라가 관세를 왜 부과하는지, 미국의 높은 관세 부과로 우리나라 경제가 어떤 영향을 받을지 생각해 봐.

국제 원유 가격을 보면 경제가 보여요!

© 게티이미지코리아

세계 여러 나라와 기업들이 사고파는 물건 중에는 기름도 있어요. 먹는 참기름이나 들기름이 아니라 자동차를 움직이는 휘발유, 난방을 위해 보일러에 쓰는 등유, 공장의 기계나 트럭 연료로 쓰는 경유에요. 이런 기름을 만드는 재료가 '원유'예요.

원유는 전기를 만들고 경제를 움직이는 데 중요한 *에너지원이에요. 원유는 세계 곳곳 땅속이나 바닷속에서 얻어요. 하지만 모든 나라에서 원유를 생산할 수 있는 것은 아니에요. 바다나 땅에서 원유를 생산하는 나라를 산유국이라고 불러요. 그렇게 얻은 원유를 *증류해서 액화 석유 가스(LPG), 휘발유, 나프타, 등유, 경유, 윤활유, 중유 등을 추출해요. 그리고 원유가 생산되지 않는 나라로 수출하는 거예요.

원유의 가격은 항상 같은 것이 아니라 세계 경제 상황이나 공급하는 양에 따라서 계속 변해요. 생산하는 원유는 줄었는데 세계 경제가 활기를 띤다고 생각해 보세요. 공장을 돌려야 하고, 만든 물건을 차나 배로 실어 날라야겠지요? 경제가 활발하면 원유가 많이 필요해요. 이렇게 경기가 좋아 원유 수요가 늘어나면 가격도 올라요. 또, 원유를 생산하는 국가에 문제가 생기면 생산량이 줄어서 원유 가격이 올라가는 이유가 되기도 해요.

코로나19가 성행했던 2020년 무렵처럼 사람들이 여행을 가지 않고 물건도 잘 사지 않아 경제가 위축되면 원유 수요가 줄면서 원유 가격이 하락해요.

그래서 국제 원유 가격은 경제가 불황인지 호황인지 알 수 있는 지표가 된답니다.

* 에너지원: 에너지의 근원.
* 증류: 액체를 가열해서 생긴 기체를 식혀서 다시 액체로 만드는 일.

경제 상식 채우기

원유 판매 단위

국제 원유 가격인 국제 유가를 나타내는 단위는 '배럴(barrel)'이야. '1배럴당 70달러'와 같이 표시해. 배럴은 원래 가운데가 볼록한 나무통을 가리키는데, 원유나 술처럼 액체의 양을 잴 때 사용해. 1배럴은 약 158.9리터(ℓ)에 해당하는 양이야.

사실 확인하기

이 기사를 읽고 남긴 메모 중 올바른 내용을 모두 찾아 동그라미 쳐 봐.

원유는 양이 많고 무거워서 국제적으로 거래되지 않아요.	2020년, 코로나19로 세계 경제가 어려워지자 국제 유가가 크게 떨어졌어요.	경기가 활기를 띨수록 국제 유가가 오를 가능성이 커져요.

적용하기

다음 빈칸에 공통으로 들어갈 낱말을 기사에서 찾아 써 봐.

세계 여러 곳에서 수십 종류의 [ ]이/가 생산되는데, 그중 가장 유명한 3대 [ ]이/가 있어요. 국제 유가의 기준이 되는 [ ]은/는 미국에서 생산되는 서부 텍사스 중질유(WTI)예요. 가장 품질이 좋다는 평가를 받아요. 영국 인근의 북해에서 생산되는 브렌트유는 전 세계 가장 많은 지역으로 수출돼요. 두바이유는 중동의 아랍 에미리트에서 생산돼요.

어휘 살펴보기

초성과 뜻을 보고 낱말을 맞혀 봐. 낱말들은 모두 기사에 나와 있어!

ㅇ ㅇ	ㅊ ㅊ	ㄱ ㄱ
땅속에서 뽑아낸 있는 그대로의 기름.	고체나 액체 속에서 어떤 물질을 뽑아냄.	물건이 지니고 있는 가치를 돈으로 나타낸 것.
한자 언덕, 근원 原 / 기름 油	한자 빼다 抽 / 내보내다 出	한자 값 價 / 격식, 지위 格

정답 두 번째, 세 번째 | 원유 | 원유, 추출, 가격

원유는 자동차나 비행기, 공장을 움직이고 전기를 만드는 데 필요한 중요한 자원이야.

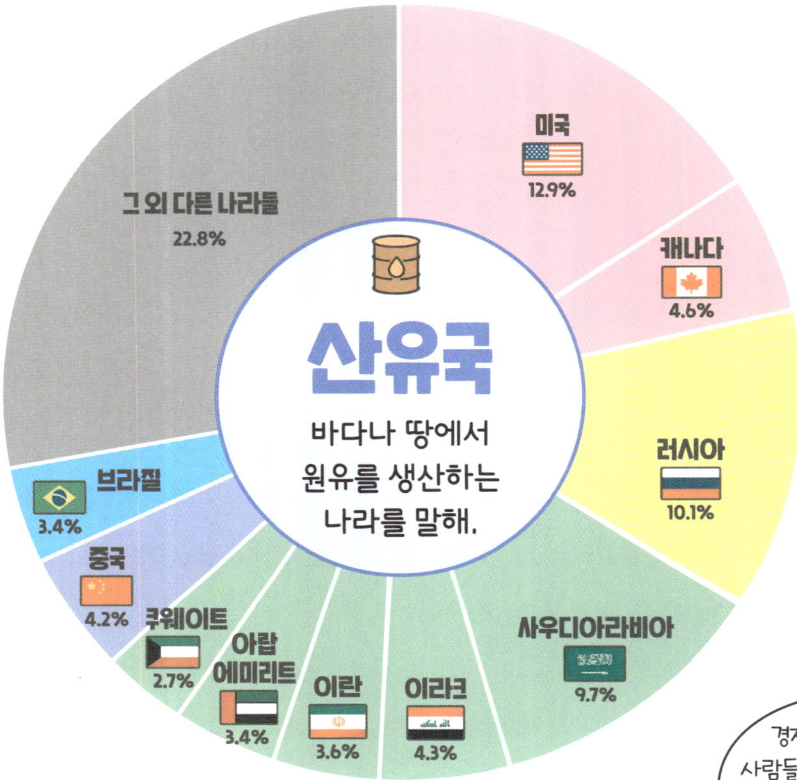

꼭 알고 가는 게 좋을걸?

- 자동차를 움직이는 휘발유, 난방에 사용하는 등유, 공장의 기계나 트럭 연료로 사용하는 경유를 만드는 재료가 '원유'야.
- 원유의 가격은 세계 경제 상황이나 공급하는 양에 따라서 계속 변해. 수요가 많아지면 가격이 올라가고 수요가 적어지면 가격도 떨어져.
- 국제 원유 가격으로 경제가 호황인지 불황인지 알 수 있어.

조사하기

원유 가격이 치솟으면 우리 생활이 어떻게 달라질지 조사해 보자.

운송비
- 트럭으로 물건을 옮길 때도 기름이 필요하니까 운송비가 올라요.
-

연료비
- 원유 가격이 오르면 휘발유나 경유 값이 올라 교통비가 비싸져요.
-

기타
- 원유로 만들어진 비닐이나 플라스틱 용기로 만들어진 물건이 비싸져요.
-

기사 쓰기

'원유가 경제에 미치는 영향'에 대해 알게 된 사실과 너의 생각을 써 봐.

- 원유, 산유국, 수요 등의 낱말을 활용해 봐.
- 현재 원유의 가격을 조사해 봐. 그리고 어떻게 공급되고 있는지 살펴봐.
- 원유의 가격을 적정하게 유지해야 하는 이유를 생각해 봐.

어제의 적이 오늘의 친구로!

© 게티이미지코리아

국내 1위 자동차 기업인 현대자동차가 미국을 대표하는 자동차 회사 제너럴 모터스와 새로운 자동차를 함께 개발하기로 했어요. 경쟁 관계에 있는 두 회사가 서로 힘을 합치기로 한 거예요. 두 회사는 이번 협력으로 다섯 종류의 신차를 공동 개발해 중남미와 북미 지역에 판매할 계획이에요.

두 회사는 각각 세계 3위와 4위 자동차 기업으로 그동안 세계 시장에서 치열하게 경쟁해 왔어요. 하지만 최근 미국이 외국산 자동차에 높은 관세를 부과하기로 하는 등 경영상 어려움이 커지자 서로 협력하기로 했어요. 현대자동차는 소형 승용차와 스포츠 유틸리티 차, 제너럴 모터스는 소형 트럭에 각각 강점이 있어 서로의 기술과 시장 *노하우를 결합하면 두 회사 모두 이익을 얻을 수 있다고 판단했기 때문이에요.

이처럼 기업의 세계에서는 경쟁하던 기업들이 손을 잡고 협력하기도 하고, 한때 협력 관계였던 기업이 제휴를 끊고 경쟁 관계로 돌아가기도 해요. 해당 분야의 1위 기업을 추격하기 위해 2, 3위 기업들이 제휴를 맺기도 하고, 1, 2위 기업이 손잡고 다른 기업들의 추격을 멀찌감치 따돌리며 시장 점유율을 확대하려는 경우도 있어요.

삼성전자가 애플 제품에 들어가는 차세대 칩을 미국 텍사스주에 있는 반도체 공장에서 생산하기로 한 것도 경쟁 기업들이 협력하는 대표적 사례예요. 삼성전자와 애플의 이러한 협력은 서로의 *기술력을 높이고 세계 시장에서 *입지를 강화하는 계기가 되고 있어요.

* 노하우: 어떤 일을 오래 하면서 자연스럽게 터득한 방법이나 요령.
* 기술력: 인간에게 유용한 것을 개발하거나 처리하고 문제를 해결하는 능력.
* 입지: 차지하고 있는 지위.

경제 상식 채우기

코피티션

코피티션(copetition)은 영어로 협력을 뜻하는 '코어퍼레이션(cooperation)'과 경쟁을 뜻하는 '컴피티션(competition)'을 합친 단어야. 기업이 각자 이익을 극대화하기 위해 서로 협력하기도 하고 경쟁하기도 하는 것을 가리키는 말이지. 기술이 발전하고 경쟁이 치열해지면서 기업들이 서로 경쟁하는 한편 협력하는 사례가 많아지고 있어.

사실 확인하기

이 기사를 읽고 남긴 메모 중 잘못된 내용을 찾아 동그라미 쳐 봐.

현대자동차와 제너럴 모터스가 자동차를 함께 개발하기로 했어요.	경쟁 기업이 서로 힘을 합치는 일은 없어요.	기업들이 협력하는 건 각자 이익을 얻을 수 있다고 생각하기 때문이에요.

적용하기

기사를 참고해 다음 빈칸에 들어갈 알맞은 낱말을 골라 봐.

현대자동차와 제너럴 모터스가 신차 개발을 위해 [경쟁 / 협력] 하기로 했어요. 이렇게 [경쟁 / 협력] 관계에 있는 기업들은 서로 힘을 합치기도 해요. 삼성전자가 애플의 차세대 칩을 생산하기로 한 것도 [경쟁 / 협력] 사례라고 할 수 있어요.

어휘 살펴보기

초성과 뜻을 보고 낱말을 맞혀 봐. 낱말들은 모두 기사에 나와 있어!

[ㄱ] [ㅎ]	[ㅈ] [ㅎ]	[ㅈ] [ㅇ] [ㅇ]
둘 이상의 사물이나 사람이 서로 관계를 맺어 하나가 됨.	공동의 목적을 위해 서로 도움.	물건이나 영역, 지위 따위를 차지하고 있는 비율.
한자 맺다 結 합하다 合	**한자** 이끌다 提 이끌다 携	**한자** 차지하다 占 있다 有 율 率

정답 두 번째 | 협력, 경쟁, 협력 | 결합, 제휴, 점유율

오늘날 기업들은 전 세계 시장을 무대로 치열하게 경쟁하는 한편, 협력하여 윈윈(win-win) 전략을 꾀하기도 해.

경쟁

기업들은 다른 기업보다 더 많은 고객을 끌기 위해 서로 더 좋은 물건을 만들고, 더 싸게 파는 등 노력을 해.

협력

기업들은 필요한 부품 등을 같은 회사에서 공급받거나, 새로운 기술을 함께 개발하는 등 협력도 해.

코피티션 (coopetition)

서로 경쟁 관계에 있는 기업들이 이익을 위해 협력하기도 하는 걸 말해.

꼭 알고 가는 게 좋을걸?

- 기업들은 살아남기 위해 치열하게 경쟁하는 한편 서로 협력하기도 해.
- 기업들의 협력과 경쟁은 새로운 기술과 신상품 개발로 이어져 소비자에게도 이득이야.
- 현대자동차와 제너럴 모터스, 삼성전자와 애플의 사례에서 보듯 같은 분야에서 경쟁하는 세계적 기업들도 서로에게 이익이 될 수만 있다면 손을 잡고 협력해.

조사하기

서로 경쟁하는 기업의 사례를 찾아서 어떻게 협력했는지 구체적으로 조사해 보자.

예 BMW와 도요타의 수소 자동차 개발

두 회사는 어떤 회사인지	
무엇을 협력했는지	
왜 협력했는지	

기사 쓰기

'기업의 경쟁과 협력'에 대해 알게 된 사실과 너의 생각을 써 봐.

- 경쟁, 협력, 제휴, 코피티션 등의 낱말을 활용해 봐.
- 서로 경쟁하는 기업들의 사례를 떠올리고 협력하는 이유를 생각해 봐.
- 기업들의 경쟁과 협력이 소비자에게 어떤 영향을 줄 수 있는지 생각해 봐.

세계에서 가치가 가장 높은 기업은?

© 게티이미지코리아

2025년 11월 기준, 세계 주식 시장에서 시가 총액이 가장 큰 기업은 젠슨 황 최고 경영자(CEO)가 이끄는 미국의 반도체 기업인 엔비디아예요. 미국의 주식 시장인 나스닥에 상장된 엔비디아의 시가 총액은 4조 달러(약 6,070조 원)가 넘어요.

인공 지능(AI)에 들어가는 반도체 수요가 커지면서 엔비디아에 투자하려는 전 세계의 투자자들이 넘쳐나 주가가 크게 올랐어요.

시가 총액은 주식 시장에 상장된 한 회사의 모든 주식을 현재 시장 가격으로 계산해 합한 금액이에요. 2024년 말까지만 해도 전 세계 시가 총액 1위는 아이폰을 만드는 애플이었지요.

미국, 중국, 일본, 유럽 등 여러 나라의 주식 시장을 다 합쳐서 시가 총액이 가장 큰 기업들을 보면, 미국 기업이 1~5위를 차지해요. 구글의 모회사 알파벳, 세계 최대 온라인 쇼핑 기업 아마존, 컴퓨터 소프트웨어 기업 마이크로소프트 등이에요. 이들 회사는 모두 첨단 기술을 활용해 인공 지능을 개발해 빠르게 성장한 빅테크 기업이지요. 빅테크(big-tech)란 '크다(big)'와 '기술(technology)'을 합친 단어예요. 정보 기술(IT), 반도체, 인공 지능 등 첨단 기술을 앞세워 빠르게 성장한 대기업을 가리키는 말이기도 해요. 미국의 빅테크 기업으로는 애플, 아마존, 구글, 엔비디아 같은 회사가 있고 한국에는 네이버와 카카오 같은 회사가 있어요.

빅테크 기업들은 코로나19가 유행할 때 큰 호황을 누렸어요. 사람들이 집에서 근무하고, 쇼핑하고, 음식을 배달시켜 먹으면서 온라인과 모바일 사업이 크게 성장한 거예요. 이렇게 시가 총액이 큰 기업은 단순히 주가가 높다는 의미를 넘어서 전 세계에서 가장 큰 가치를 가지고 있고, 영향력이 있다는 뜻이에요.

경제 상식 채우기

엔비디아(NVIDIA)

1993년 미국에서 설립된 IT 기업이야. 컴퓨터에서 사진이나 영상을 빠르게 처리하는 그래픽 처리 장치(GPU)와 인공 지능(AI)을 개발하는 회사야. 원래는 게임용 그래픽 칩 제작으로 유명했지만, 현재는 인공 지능 학습, 자율 주행, 데이터 센터, 로봇, 슈퍼 컴퓨팅 등 다양한 분야에 GPU를 공급해.

사실 확인하기

이 기사를 읽고 남긴 메모 중 올바른 내용을 찾아 동그라미 쳐 봐.

빅테크 기업은 코로나19가 유행할 때 큰 호황을 누렸어요.	전 세계에서 시가 총액이 가장 큰 회사는 삼성이에요.	시가 총액이 크다는 것은 회사의 직원 수가 매우 많다는 의미예요.

적용하기

주식회사가 크게 성장하면 함께 올라가는 것을 <보기>에서 모두 찾아 써 봐.

보기 주가, 대출, 시가 총액, 손실

어휘 살펴보기

초성과 뜻을 보고 낱말을 맞혀 봐. 낱말들은 모두 기사에 나와 있어!

시장에서 상품이 거래되는 가격.	이익을 얻기 위하여 돈을 대거나 정성을 쏟음.	규모나 세력이 점점 커짐.
한자 시장 市 가격 價	**한자** 던지다 投 재물, 자본 資	**한자** 이루다 成 길다 長

정답 첫 번째 | 주가, 시가 총액 | 시가, 투자, 성장

시가 총액은 주가와 관련이 있고, 기업의 총 가치를 나타내.

1주당 가격(주가)

회사가 돈을 잘 벌고
유망하다면
주당 가격이 올라가.

×

주식 개수

회사가 처음 주식을
만들 때는 발행하는
주식의 수를 결정할 수 있어.

↓

시가 총액

1주당 가격이 10만 원인 주식이
총 100주 있다면
그 회사의 시가 총액은
총 1,000만 원이야.

꼭 알고 가는 게 좋을걸?

- 시가 총액은 주식 시장에 상장된 한 회사의 모든 주식을 현재 시장 가격으로 계산해 합한 금액이야.
- 시가 총액이 크다는 것은 그 회사의 1주당 주식의 값뿐 아니라 회사의 가치도 큰 거야. 단순히 가치가 높다는 것을 넘어 주식 시장에서 신뢰를 받고 있다는 뜻이지.
- 최근 시가 총액이 큰 기업들 중에는 첨단 기술 경쟁력이 큰 빅테크 기업들이 많아.

조사하기

우리나라 빅테크 기업을 알아보고, 시가 총액이 얼마인지 조사해 보자. 인터넷에 검색하면 알 수 있어!

회사명	하는 일	주가	시가 총액
예 네이버	검색할 수 있는 포털 사이트를 운영하고 인공 지능 서비스를 개발한다.	264,500원	41조

기사 쓰기

'기업의 가치'에 대해 알게 된 사실이나 너의 생각을 써 봐.

- 주가, 시가 총액, 주식, 성장 등의 낱말을 활용해 봐.
- 내가 만약 투자자라면 어떤 회사에 투자할 것인지 상상해서 써 봐도 좋아.

식지 않는 해외 주식 투자 열풍

© 게티이미지코리아

한국은행에 따르면 2025년 9월 말 우리 국민이 보유한 외국 주식의 규모는 1,780조 원에 달해요. 돈을 불리기 위해 외국 기업의 주식을 직접 사는 국민이 크게 늘었다는 뜻이에요. 예전에는 전문 투자자나 일부 *부유층 중심이었지만 이제는 일반 직장인이나 대학생 등 개인 투자자들이 해외 주식 투자에 적극적으로 나서고 있어요.

외국 주식에 투자한 사람이 늘어난 것은 국내외 주식 시장 상황과 관련이 있어요. 2022년 말부터 2024년 말까지 우리나라 주식 시장의 종합 주가 지수인 코스피(KOSPI)는 약 7% 오르는 것에 그쳤어요. 반면, 같은 기간 미국 뉴욕 주식 시장의 S&P500 지수는 50% 넘게 올랐어요.

쉽게 말해 똑같은 100만 원을 미국 주식에 투자했다면 50만 원을 벌 수 있었는데, 한국 주식에 투자했다면 7만 원밖에 못 벌었다는 뜻이에요. 이런 수익률 차이 때문에 많은 투자자가 국내 기업 대신 미국을 비롯한 외국 기업에 눈을 돌리게 된 거예요. 특히 엔비디아, 마이크로소프트, 테슬라 등 세계적인 기술 기업에 투자하는 사람들이 많아졌어요.

미국 등 해외 주식에 투자하는 사람들을 가리키는 '서학 개미'라는 신조어도 생겼어요. '개미'는 주식 시장에서 개인 투자자들을 가리키는 말이에요. 투자 금액이 적다는 의미에서 그렇게 불러요.

2020년 국내 주가가 큰 폭으로 하락했을 때 주식 시장에 몰려든 개인 투자자들을 '동학 개미'라고 부르기도 했어요. 국내 주가가 큰 폭으로 오르지 않는 한 해외 주식 투자 열풍은 지속될 것으로 보여요.

* 부유층: 재산이 넉넉하여 물질적으로 풍족하게 사는 계층.
* 수익률: 일이나 사업 등에서 들인 돈에 대한 이익의 비율.

경제 상식 채우기

S&P500 지수

미국 뉴욕 주식 시장에 있는 기업 중 규모가 큰 500개 기업의 주가로 만든 지수야. 뉴욕 주식 시장의 전체적인 흐름을 보여 주지. 애플, 마이크로소프트 등 세계적인 기업들이 이 지수에 포함돼. 정식 명칭은 스탠더드 앤드 푸어스 500 지수야. 나스닥 지수, 다우 지수와 함께 뉴욕 주식 시장의 3대 지수야.

사실 확인하기

이 기사를 읽고 남긴 메모 중 잘못된 내용을 찾아 동그라미 쳐 봐.

최근 한국에서 미국 주식에 투자하는 사람이 많아졌어요.	최근 몇 년간 미국보다 한국 주식 시장에 투자했을 때 큰 이익을 얻을 수 있었어요.	'서학 개미'는 미국 등 외국 주식에 투자하는 개인 투자자를 부르는 신조어예요.

적용하기

기사를 참고해 다음 빈칸에 들어갈 알맞은 낱말을 골라 봐.

우리 국민이 [한국 / 외국] 주식에 투자한 금액이 1,000조 원을 넘었어요. 2022년 말부터 2024년 말까지 [한국 / 미국] 종합 주가 지수인 코스피는 약 7% 올랐지만, [서울 / 뉴욕] 주식 시장의 S&P500 지수는 50% 넘게 올랐기 때문이에요.

어휘 살펴보기

초성과 뜻을 보고 단어를 맞혀 봐. 단어들은 모두 기사에 나와 있어!

ㅂ ㅇ	ㅎ ㅇ	ㅇ ㅍ
가지고 있거나 간직하고 있음.	바다 밖, 다른 나라.	매우 거세게 일어나는 기운이나 현상.
한자 지키다 保 있다 有	한자 바다 海 바깥 外	한자 덥다 熱 바람 風

정답 두 번째 | 외국, 한국, 뉴욕 | 보유, 해외, 열풍

**우리나라에서 미국 등 다른 나라의 주식에 투자할 수 있고,
반대로 외국인들도 우리나라 주식에 투자할 수 있어.**

미국 주식 시장

우리나라에 종합 주가 지수인 코스피가 있듯이 미국 주식 시장에는 3대 주가 지수가 있어.

나스닥

약 3,000개 기업의 주가를 합친 지수로, 구글, 아마존 같은 기술 회사의 비중이 높아.

S&P500

미국의 대표적인 큰 기업 500개의 주가를 모아서 만든 지수야.

다우

코카콜라, 디즈니 같은 역사가 오래된 30개의 회사를 모아서 만든 지수야.

꼭 알고 가는 게 좋을걸?

- 최근 우리나라에서 외국 기업 주식에 투자하는 사람들이 늘고 있어. 최근 몇 년 동안 우리나라 주가는 크게 오르지 않았지만, 미국 등 외국 주식 시장의 주가가 많이 올랐기 때문이야.
- '서학 개미'는 해외 주식에 투자하는 사람을 뜻하는 신조어야.
- S&P500, 나스닥 지수, 다우 지수는 미국 뉴욕 주식 시장의 3대 주가 지수야. 이 지수를 통해 뉴욕 주식 시장은 물론 세계 경제의 흐름을 알 수 있지.

조사하기

나에게 만약 100만 원이 있어서 외국 기업 주식을 살 수 있다면 투자하고 싶은 기업의 이름과 그 이유를 써 봐. 〈보기〉에서 골라도 돼!

보기 햄버거를 만드는 맥도날드, 애니메이션을 만드는 월트 디즈니, 로블록스 게임을 만드는 로블록스 코퍼레이션, 휴대폰을 만드는 애플, 우주선을 만드는 스페이스X 등

기사 쓰기

'해외 주식 투자'에 대해 알게 된 사실과 너의 생각을 써 봐.

- 코스피, S&P500 지수, 서학 개미 등의 낱말을 활용해 봐.
- 투자하는 사람 입장에서 어떤 기업에 돈을 투자하고 싶을지 생각해 봐.
- 주가가 오르거나 내리면 투자자들의 행동이 어떻게 달라질지 생각해 봐.

일론 머스크는 얼마나 부자일까요?

© 게티이미지코리아

미국의 경제 잡지 포브스와 블룸버그 등 여러 매체는 매년 세계에서 누가 가장 부자인지 발표해요. 정확하게 확인할 순 없어도 보유한 주식의 가치와 재산을 바탕으로 추정해 순위를 매겨요.

포브스가 공개한 2025년 세계 부자 순위에서는 전기 자동차 기업 테슬라와 우주 *탐사 기업 스페이스엑스를 설립한 일론 머스크가 1위를 차지했어요. 2위는 페이스북을 만든 메타의 마크 저커버그예요. 아마존의 창업자 제프 베이조스는 3위에 올랐어요. 온라인 서점에서 출발해 지금은 안 파는 것이 없는 세계 최대 규모의 온라인 상거래 사이트를 만들었지요. 현재 아마존은 인공 지능(AI), 로봇, 식품업 등 다양한 분야로 사업을 키웠어요.

세계 부호 4위는 오라클 이사회 의장인 래리 엘리슨이에요. 오라클은 세계적인 소프트웨어 업체예요. 5위는 LVMH 그룹의 회장 베르나르 아르노예요. LVMH는 루이비통, 디올, 티파니 등 수많은 명품 패션 브랜드를 보유한 회사예요.

이어서 투자자 워런 버핏, 구글의 창업자 래리 페이지와 세르게이 브린, 스페인에 본사를 둔 글로벌 패션 브랜드 자라(ZARA)의 아만시아 오르테가 창업자, 스티브 발머 마이크로소프트 이사가 10위 안에 이름을 올렸어요. 아르노 회장(프랑스)과 오르테가(스페인) 회장을 제외하면 세계 10대 부호 중 8명이 미국인이에요.

세계 최고의 부자들은 대부분 *첨단 기술 분야에서 회사를 성장시켜서 부자가 됐어요. 세계 경제에서 기술 혁신이 얼마나 큰 부를 창출하는지 알 수 있지요. 세계 부자 순위는 경제의 흐름과 산업의 변화 등을 알 수 있는 자료예요.

* 탐사: 알려지지 않은 사물이나 사실 따위를 샅샅이 더듬어 조사함.
* 첨단: 유행이나 기술에서 앞서 나감.

경제 상식 채우기

미국의 경제 잡지, 포브스(Forbes)

포브스는 1917년 미국에서 창간된 세계적인 경제 전문 잡지로 기업, 금융, 기술, 투자 등의 분야를 다뤄. 매년 발표하는 '세계 부자 순위', '글로벌 2000대 기업' 등이 유명해. 포브스가 선정하는 부자 순위는 단순한 부의 순위를 넘어, 각 시대의 산업 흐름과 경제 구조를 보여 주는 지표로 평가받아.

사실 확인하기

이 기사를 읽고 남긴 메모 중 잘못된 내용을 찾아 동그라미 쳐 봐.

세계 부자 순위는 매년 각 나라에서 발표해요.	세계 부자 순위 상위권에 미국인이 많아요.	세계 부자 순위를 보면 경제의 흐름을 파악해 볼 수 있어요.

적용하기

기사를 참고해 회사 이름과 하는 일을 알맞게 선으로 연결해 봐.

1 아마존 •
2 테슬라 •
3 LVMH •
4 오라클 •

• 프랑스의 럭셔리 패션 기업
• 소프트웨어 개발 회사
• 전기 자동차 제조 회사
• 온라인 유통 및 빅테크 기업

어휘 살펴보기

초성과 뜻을 보고 단어를 맞혀 봐. 단어들은 모두 기사에 나와 있어!

ㅂ ㅎ	ㅊ ㅈ	ㅊ ㅇ ㅈ
재산이 넉넉하고 세력이 있는 사람.	미루어 생각하여 판정함.	회사나 가게를 처음으로 세워 사업을 시작한 사람.
한자 부유하다 富 호걸 豪	한자 밀다 推 정하다 定	한자 시작하다 創 일 業, 사람 者

정답 첫 번째 | 1-4, 2-3, 3-1, 4-2 | 부호, 추정, 창업자

세계 부자 순위를 통해 당시의 경제의 흐름과 산업의 변화를 알 수 있어.

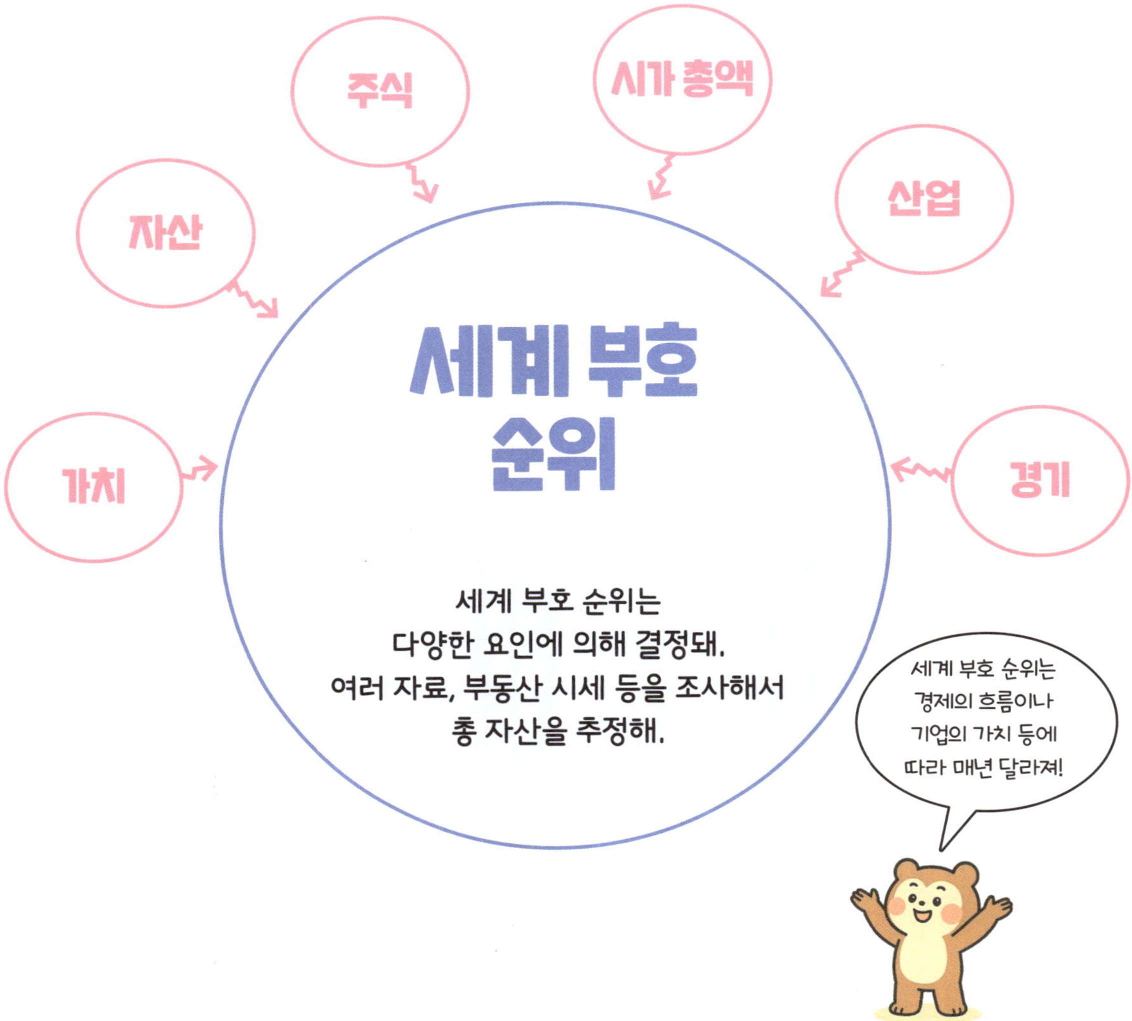

꼭 알고 가는 게 좋을걸?

- 단순히 가진 돈이 많다고 세계 부호 순위에 드는 것이 아니라, 자신이 가진 회사의 주식 가치가 커져 자산이 많아지는 경우도 있어.
- 정확한 자산을 밝히지 않는 사람들도 있어서 여러 자료들을 종합하여 추정하는 거야.
- 새로운 기술이 나오면 새로운 부자가 등장하고, 경기 침체가 오면 순위가 떨어지기도 해.

조사하기

다음 사례와 같이 관심이 가는 세계적인 부자를 한 명 고르고, 그 사람에 대해 조사해 보자.

일론 머스크는 1990년대 스탠퍼드 대학교의 물리학 박사 과정에 합격했지만, 이틀 만에 자퇴했어요. 일론 머스크는 늘 새로운 발명품을 만들고 싶어 했지요. 지금은 전기차, 우주선, 인간의 뇌와 컴퓨터를 연결하는 기술 등을 개발하며 꿈을 이루며 살고 있어요.

기사 쓰기

'세계 부호'에 대해 알게 된 사실과 너의 생각을 써 봐.

- 어떻게 하면 부자가 될 수 있을지 생각해 봐.
- 만약 부자가 된다면 어떤 일을 하고 싶은지 생각해 봐.
- 우리나라 부자 순위에 대해 조사해 봐도 좋아.

PART5

새로운 기술과 미래 사회

기분 따라 알아서 작동하는 AI 가전

© 게티이미지코리아

"나 이제 잘래."라고 말하면 자동으로 꺼지는 조명, 가족이 모두 외출하면 저절로 작동을 멈추는 에어컨. 가전제품에도 인공 지능(AI) 기술이 본격적으로 활용되면서 집이 스스로 생각하고 움직이는 시대가 오고 있어요. 모든 가전제품에 AI 기술이 적용돼 집 안 전체가 'AI 홈'으로 바뀔 날이 머지않았어요.

삼성전자는 독일 베를린에서 열린 유럽 최대 가전 전시회 'IFA 2025'에서 AI 가전제품을 대거 선보였어요. 리모컨을 누르거나 말로 명령하지 않아도 스스로 상황을 판단해 작동한다는 점이 특징이에요. AI가 사용자의 취향과 행동 패턴, 집 안 환경을 미리 학습해 알맞은 밝기로 조명을 켜거나 가장 *쾌적한 온도로 에어컨을 조절해 주는 거예요. 장을 봐서 냉장고에 식재료를 넣으면 자동으로 음식 목록을 만들고, 언제까지 먹어야 하는지도 알려 줘서 편리하지요.

LG전자는 여러 가전제품을 하나로 연결하는 통합형 AI 시스템을 개발했어요. 주방에서 "다이어트에 좋은 메뉴를 추천해 줘!"라고 말하면 AI가 건강 상태와 취향을 고려해 알맞은 음식을 검색해 조리 방법까지 알려 주고, 조리에 필요한 오븐이나 전자레인지 등을 미리 켜 놓아요. 잘 시간이 되면 조명을 어둡게 하고, 온도와 습도를 조절해 수면에 알맞은 환경을 만들죠.

전문가들은 앞으로 1~2년 후 'AI 홈'이 현실화될 것으로 예상해요. 삼성전자는 3년 안에 AI 가전제품 10억 대 판매를 목표로 하고 있으며, LG전자도 AI 기술과 로봇 기술을 결합한 제품을 개발하는 데 힘쓰고 있어요. 외국 기업들도 AI 가전을 앞다퉈 선보이며 경쟁이 치열해질 것으로 기대해요.

* 쾌적하다: 기분이 상쾌하고 즐겁다.

경제 상식 채우기

베를린 국제 가전 박람회 IFA

매년 9월 독일 베를린에서 열리는 가전제품 박람회야. 1924년 처음 시작된 세계에서 가장 오래된 산업 전시회 중 하나야. 라디오 박람회로 출발해 훗날 가전 박람회로 바뀌었어. 세계 각국의 가전·정보 기술(IT) 기업들이 IFA에서 신제품과 최신 기술을 소개해.

사실 확인하기

이 기사를 읽고 남긴 메모 중 잘못된 내용을 찾아 동그라미 쳐 봐.

AI 가전제품의 인기가 예전만 못해요.	에어컨, 냉장고 등 각종 가전제품에 AI 기술이 적용되고 있어요.	외국 기업들도 AI 가전 개발에 힘쓰고 있어요.

적용하기

기사를 참고해 'AI 홈'이 무엇인지 써 봐.

어휘 살펴보기

초성과 뜻을 보고 낱말을 맞혀 봐. 낱말들은 모두 기사에 나와 있어!

ㄱ ㅈ	ㄷ ㄱ	ㅊ ㅎ
가정에서 사용하는 전기 제품.	한꺼번에 많이.	하고 싶은 마음이 생기는 방향이나 경향.
한자 집 家 전기 電	**한자** 크다 大 들어 올리다 擧	**한자** 달리다 趣 향하다 向

정답 첫 번째 | 자유롭게 쓰기 | 가전, 대거, 취향

텔레비전, 냉장고, 세탁기 등에 인공 지능을 결합한 'AI 가전제품'이 출시되고 있어.

TV

음성 인식으로
궁금한 것들에 대답해 주고
듣고 싶은 음악을
선곡해 주기도 해.

냉장고

안에 어떤 식재료가 있는지,
그 식재료들이 얼마나 신선한지
알려 주고, 레시피를 추천해 줘.

청소기

오염 물질이 액체인지
고체인지를 확인해
닦아낼 것인지 빨아들일 것인지
알아서 결정해서 청소해 줘.

세탁기

스스로 빨래 무게나
오염 정도를 파악해서
그에 맞게 세탁해 줘.

꼭 알고 가는 게 좋을걸?

- 가전제품에 인공 지능 기술을 적용한 것을 AI 가전이라고 해.
- 모든 가전제품에 AI를 적용해 집 안 전체가 AI 환경이 되는 'AI 홈' 시대가 다가오고 있어.
- 여러 가전 기업들이 경쟁에서 앞서가기 위해 AI 가전 신제품을 개발하고 있어.

조사하기

가전제품을 쓰다가 불편했던 점이나 이런 기능이 있으면 좋겠다고 생각했던 적이 있다면 써 봐.

가전제품 이름	
불편한 점	
있으면 좋을 것 같은 기능	

기사 쓰기

'AI 가전제품'을 사용하면 우리의 생활이 어떻게 달라질지 상상해서 써 봐.

- AI 가전, AI 홈 등의 낱말을 활용해 봐.
- 지금 집에서 사용하는 AI 가전제품이 있다면 어떤 것이 있는지 조사해 봐.
- 가전제품에 AI 기능이 생기면 어떤 점이 더 편리해질지 생각해 봐.

AI가 사람을 완전히 대신할 수 있을까요?

© 게티이미지코리아

인공 지능(AI)은 사람의 일을 보조하거나 대신하며 다양한 분야에서 폭넓게 활용되고 있어요. 많은 양의 데이터를 분석해 보고서를 작성하고, 긴 문서나 회의 내용을 요약해 업무 효율을 높여 주지요. 채용 공고 작성이나 이력서 선별 같은 인사 업무도 자동화할 수 있어요. 마케팅 분야에서는 광고 문구를 생성해 사람은 검토와 창의성 보완에 집중할 수 있게 해 주기도 하죠.

상담 챗봇이 반복적인 문의를 처리해 기업의 효율성을 올리거나 IT 분야에서는 코드 작성과 *디버깅을 지원해 개발 시간을 줄여 줘요. 디자인 분야에서는 AI가 이미지와 영상 등의 자료를 빠르게 만들어 *콘텐츠 제작 속도와 다양성을 높여 줘요.

AI는 특히 서로 다른 언어를 통역하는 통역사, 영상의 내용을 설명해 주는 성우, 기사 작성자 등 언어를 다루는 직업군부터 대체하기 시작했어요.

정보 기술을 다루는 기업들은 지금도 더 똑똑한 인공 지능을 개발하기 위해 치열한 경쟁을 벌이고 있답니다.

사람의 일자리가 완전히 사라지지는 않을 거예요. 단순하고 반복적인 업무는 점차 자동화되겠지만, 오히려 사람은 AI가 만들어낸 결과를 해석하고 창의적인 아이디어를 더하거나 윤리적 판단을 내리는 역할을 맡게 될 거예요. 사람을 대체하기보다는 협업의 형태로 일의 성격이 변화하며, AI를 효과적으로 활용할 수 있는 능력이 새로운 경쟁력이 될 수도 있어요. 이에 따라 사람은 급변하는 기술에 발맞춰 끊임없이 새로운 지식과 기술을 익히는 능력이 중요해졌지요.

* 디버깅: 컴퓨터 프로그래밍에서 발생하는 오류를 찾고 수정하는 일.
* 콘텐츠: 인터넷이나 컴퓨터 통신 등을 통하여 제공되는 각종 정보나 그 내용물.

경제 상식 채우기

생성형 AI

생성형 AI는 문자(글), 이미지, 음악, 영상 등 다양한 콘텐츠를 자동으로 만들어 주는 인공 지능 기술이야. '딥러닝'이라는 기술을 활용하는데 컴퓨터가 대량의 데이터로 스스로 공부해서 똑똑해지는 거야. 사람의 뇌가 생각하고 배운다는 점에서 아이디어를 얻었어.

사실 확인하기

이 기사를 읽고 남긴 메모 중 올바른 내용을 찾아 동그라미 쳐 봐.

인공 지능은 사람의 일을 대신할 수 없어요.	성능이 더 우수한 AI를 만들기 위해서 기업들끼리 경쟁해요.	결국 AI로 인간의 일자리가 사라질 거예요.

적용하기

기사를 참고해 AI가 어떤 직업을 대체하게 될지 써 봐.

어휘 살펴보기

초성과 뜻을 보고 단어를 맞혀 봐. 단어들은 모두 기사에 나와 있어!

ㅂ ㅈ	ㄷ ㅊ	ㄱ ㅂ
보태어 도움.	다른 것으로 대신함.	상황이나 상태가 갑자기 달라짐.
한자 돕다 補 돕다 助	한자 대신하다 代 바꾸다 替	한자 급하다 急 변하다 變

정답 두 번째 | [illegible] | 보조, 대체, 급변

세상에는 알파고, 챗GPT 외에도 다양한 생성형 AI 프로그램이 많아.

생성형 AI

챗GPT

오픈AI가 만든 인공 지능 대화 프로그램이야. 사람처럼 글을 읽고 이해해서, 질문에 답하거나 글을 써 줄 수 있어. 글쓰기, 이미지 만들기 등 다양한 일을 할 수 있지.

코파일럿

마이크로소프트 사에서 개발한 인공 지능 도우미야. 워드, 엑셀 등에서 글쓰기와 계산, 문서 정리를 도와줘.

하이퍼클로바X

네이버가 만든 인공 지능 프로그램이야. 한국어를 중심으로 학습해서 한국 사람들에게 익숙한 말과 정보를 잘 이해해.

제미나이

구글이 만든 인공 지능 프로그램으로, 글뿐만 아니라 사진, 그림, 영상 같은 여러 형태의 정보를 함께 파악 할 수 있어.

꼭 알고 가는 게 좋을걸?

- 생성형 AI는 글, 그림, 사진, 음악, 영상 등 다양하고 새로운 콘텐츠를 자동으로 생성해 주는 인공 지능 서비스야.
- AI가 인간을 대신할 수 있는 일이 점차 많아질 거야.
- 사람들은 효과적으로 AI를 활용할 수 있는 능력이 필요해지겠지.

조사하기

다음 글을 읽고 AI의 부작용에 대해 알아보자.

요즘 AI 챗봇과 대화하며 외로움을 달래는 청소년들이 많아요. 하지만 이것이 청소년의 정신 건강에는 해롭다는 연구 결과가 나왔어요. 2025년 4월, 미국 캘리포니아에 사는 한 16살 소년이 챗봇과 대화를 하다가 극단적인 선택을 하자 그의 부모님이 해당 AI 챗봇을 만든 회사에 소송을 걸기도 했어요.

기사 쓰기

'AI'나 '생성형 AI'에 대해 알게 된 사실이나 너의 생각을 써 봐.

- AI가 어떤 일을 하는 데 필요할지, 얼마나 편리한지 생각해 봐.
- AI를 사용할 때 주의해야 할 점이 무엇인지 생각해 봐.

폭염에 물가 상승까지, 엎친 데 덮친 격!

© 게티이미지코리아

여름철 날씨가 해마다 점점 더워지고 있어요. 2025년 6월부터 8월까지 전국 평균 기온은 섭씨 25.7도로 전국적으로 기상 관측을 시작한 1973년 이래 가장 높았어요.

이러한 현상은 올해만의 일이 아니에요. 하루 최고 기온이 섭씨 33도 이상인 폭염 일수는 20년 전과 비교해서 26일에서 67일로 두 배 넘게 늘었어요. 또 시간당 30㎜ 이상의 집중 호우 발생 일수도 2020년대 들어 *연평균 49일로 늘어나 10일 정도 많아졌어요. 이렇게 날씨가 장기간에 걸쳐 변해 가는 현상을 기후 변화라고 해요.

기후 변화는 경제에도 큰 영향을 미쳐요. 가장 크게 체감할 수 있는 것이 물가 상승이에요. 날씨가 너무 더우면 채소나 과일 등 농산물이 잘 자라지 못하고, 닭과 오리 같은 가축이 병이 들거나 죽기도 해요. 바닷물의 온도까지 올라가면 물고기도 잘 잡히지 않게 되지요. 그러면 시장에 나오는 물건이 적어져 농산물, 축산물, 수산물의 가격이 올라요.

한국은행은 폭염과 집중 호우의 영향으로 물가가 1년 전보다 0.3% 더 상승했다고 분석했어요. 수박 한 통이 4만 원까지 오르기도 했어요. 폭염으로 인해 물가가 갑자기 오르는 현상을 '히트플레이션'이라고 해요. 영어로 열을 뜻하는 히트(heat)와 물가 상승을 의미하는 인플레이션(inflation)을 합친 말이에요.

기후 변화는 경제 성장에도 악영향을 줘요. 너무 덥거나 비가 너무 많이 오면 사람들의 생산 활동과 소비도 줄어들기 때문이에요. 전문가들은 이런 현상이 앞으로 더 심해질 가능성이 큰 만큼 대책이 필요하다고 경고하고 있어요. 기후 변화는 먼 미래가 아니라 지금 우리의 삶과 경제를 직접 바꾸고 있는 현실적인 문제이기 때문이에요.

* 연평균: 1년을 단위로 하여 내는 평균.

경제 상식 채우기

기후 불평등

나라 또는 소득 수준에 따라 기후 변화의 영향이 다르게 나타나는 것을 기후 불평등이라고 해. 저지대 섬나라는 지구 온난화로 해수면이 상승하면 가장 직접적인 피해를 입어. 또 노인과 저소득층은 냉난방 시설을 갖추지 못해 더위와 추위에 적응하기가 더 힘들 수 있어. 따라서 기후 불평등을 줄여 취약 계층을 보호하기 위해 노력해야 해.

사실 확인하기

이 기사를 읽고 남긴 메모 중 잘못된 내용을 찾아 동그라미 쳐 봐.

폭염과 집중 호우가 점점 더 많이 발생하고 있어요.

날씨가 장기간에 걸쳐 변해 가는 현상을 기후 변화라고 해요.

기후 변화는 경제와 큰 상관이 없는 현상이에요.

적용하기

비가 너무 많이 내려도 농작물 가격이 올라. 그 이유는 무엇일까? 기사를 참고해서 써 봐.

어휘 살펴보기

초성과 뜻을 보고 낱말을 맞혀 봐. 낱말들은 모두 기사에 나와 있어!

ㅍ ㅇ	ㅊ ㄱ	ㄷ ㅊ
매우 심한 더위.	몸으로 감각을 느낌.	어떤 일에 대처할 계획이나 수단.
한자 사납다 暴 더위, 불꽃 炎	한자 몸, 신체 體 느끼다 感	한자 대하다 對 꾀, 계책 策

폭염과 집중 호우가 예전보다 더 자주 발생하고 있어.
이렇게 날씨가 변하는 현상을 기후 변화라고 해.

기후 변화

지구의 온도와 날씨가 오랜 시간에 걸쳐 달라지는 현상이야.

경제

생산

공장이나 농장이 제대로 돌아가기 어려워져서 생산량에 영향을 줘.

물가

냉방이나 난방에 드는 에너지 사용량이 늘어나고 농작물 생산량이 오르내려서 물가에 영향을 줘.

일자리

기후 변화 대응이 강화되어 화석 연료 산업의 일자리가 줄어들 수도 있어.

꼭 알고 가는 게 좋을걸?

- 기후 변화는 경제에도 큰 영향을 미쳐.
- 폭염으로 물가가 갑자기 오르는 현상을 '히트플레이션'이라고 말해.
- 저소득 국가일수록, 그리고 저소득층일수록 기후 변화로 인한 피해를 크게 입는 기후 불평등이 나타나기도 해.

조사하기

기후 변화로 농산물 등 상품의 가격이 어떻게 변했는지 조사해 봐.

무더위	혹한	집중 호우
예 밭에 있는 상추가 햇빛에 다 타서 상추 값이 올랐다.		

기사 쓰기

'기후 변화가 경제에 미치는 영향'에 대해 알게 된 사실이나 너의 생각을 써 봐.

- 기후 변화, 히트플레이션 등의 낱말을 활용해 봐.
- 기후에 따라 수확하는 농작물의 종류도 달라질 수 있다는 점을 함께 생각해 봐.
- 농작물의 수확에 따라 경제가 어떻게 달라질지 예상해 봐.

우주를 향한 인류의 끝없는 도전

© 게티이미지코리아

2014년 개봉한 미국의 공상 과학 영화 〈인터스텔라〉는 6명의 우주 비행사가 인류의 새로운 보금자리를 찾아 우주로 떠나는 내용이에요. 지구의 환경이 파괴되고 전 세계가 식량 부족에 시달리자, 사람들이 더 이상 지구에서 살기 힘들다고 판단해 새로운 행성을 찾는 여정을 다룬 영화이지요.

현실에서도 인류는 우주로 나가기 위해 끊임없이 노력하고 있어요. 현재는 미국과 중국이 경쟁하고 있지요. 미국 항공 우주국(NASA)은 달에 가기 위해 '아르테미스'라는 프로그램을 운영하고 있어요. 달에 우주선을 보내고 이어서 화성까지 가는 것이 목표예요. 미국은 이미 50년 전쯤에도 '아폴로' 프로그램으로 달에 착륙한 적이 있어요. 중국은 '창어' 프로그램을 통해 달 표면의 *토양 샘플을 가지고 지구로 *귀환하는 데 성공했어요. 일본과 인도의 무인 우주선도 달에 착륙했어요.

일론 머스크가 만든 스페이스X는 우주 탐사 분야에서 중요한 회사예요. 스페이스X는 100명 이상의 사람과 화물을 싣고 화성으로 갈 수 있는 초대형 우주선 '스타십'을 만들고 있어요.

우주선을 발사할 때 이미 사용한 로켓을 재사용할 수 있는 기술도 개발했어요. 로켓을 재사용하면 우주선 발사 비용이 크게 줄기 때문에 우주 탐사가 더 활발히 이뤄질 수 있어요.

최근에는 일반인을 위한 민간 우주 관광 상품도 나왔어요. 영국인 사업가 리처드 브랜슨이 설립한 버진 갤럭틱과 제프 베이조스 아마존 의장이 세운 블루오리진은 우주를 여행하고 싶은 일반인들을 위해 우주 관광 상품을 만들었어요. 머지않은 미래에는 누구나 지구와 가까운 우주로 여행을 떠날 수 있을 거예요.

* 토양: 바위가 부스러져 생긴 가루.
* 귀환: 다른 곳으로 떠나 있다가 원래 있던 곳으로 돌아옴.

경제 상식 채우기

달에 간 최초의 인간

달에 인류가 처음으로 발을 내디딘 것은 1969년 7월 20일, 미국 항공 우주국(NASA)의 '아폴로 11호' 임무에 참여했던 우주 비행사 닐 암스트롱과 버즈 올드린이야. 최초로 지구를 떠나 우주로 나간 사람은 1961년 '보스토크 1호'에 승선한 소련의 유리 가가린이야.

사실 확인하기

이 기사를 읽고 남긴 메모 중 올바른 내용을 모두 찾아 동그라미를 쳐 봐.

달에 처음 발을 내디딘 사람은 소련의 우주 비행사예요.	스페이스X는 일론 머스크가 설립한 회사예요.	일본과 인도도 무인 우주선을 띄웠어요.

적용하기

우주선 발사 로켓을 재사용하는 이유를 써 봐.

어휘 살펴보기

초성과 뜻을 보고 낱말을 맞혀 봐. 낱말들은 모두 기사에 나와 있어!

ㅇ ㅈ	ㄱ ㄱ	ㅈ ㅅ ㅇ
무한한 시간과 만물을 포함하고 있는 끝없는 공간과 모든 것.	다른 지방이나 나라의 풍경, 풍물 따위를 구경하고 즐김.	이미 사용한 물건을 다시 씀.
한자 집 宇 집, 무한한 시간 宙	**한자** 보다 觀 빛 光	**한자** 두 번, 재차 再 하여금, 부리다 使 쓰다 用

정답 두 번째, 세 번째 | 자유롭게 쓰기 | 우주, 관광, 재사용

**우주 산업은 미래의 인류를 위한 산업이야.
여러 나라의 우주 전문 기관과 기업들이 많은 돈을 들여 투자하고 있어.**

우주 산업

로켓, 위성, 우주선 등을 만들어 우주를 탐사하거나 활용하는 산업이야.

발사체

로켓이나 우주선을 쏘아 올리는 발사체를 만드는 기술과 산업으로, 우주 산업의 가장 기본이자 시작이야.

예 스페이스X의 팰컨9, 한국의 누리호

인공 위성

요즘은 소형 위성을 쏘아 올려 지구 어디서나 인터넷, 전화, 내비게이션을 이용할 수 있도록 촘촘하게 연결해 줘.

예 스페이스X의 스타링크

우주 탐사

사람이나 탐사선을 달, 화성 등 우주로 보내는 민간 우주 여행, 화성 탐사, 우주 정거장 사업 등이 포함돼.

예 미국 기업 액시엄 스페이스

꼭 알고 가는 게 좋을걸?

- 인류는 50여 년 전에 이미 달에 다녀왔지만, 끊임없이 더 먼 우주로 나가기 위해 노력하고 있어.
- 미국 항공 우주국(NASA)은 아르테미스 프로그램으로 우주 탐사를 계획하고 있어.
- 예전에는 미국이나 소련 같은 국가 위주로 우주 탐사를 했지만, 지금은 스페이스X나 블루오리진 같은 민간 기업도 우주 탐사에 참여해.

조사하기

다음 글을 읽고 우주 탐사가 일상생활에 미치는 영향에 대해 생각해 보자.

메모리폼은 원래 우주 비행사의 안전을 위해 개발했어요. 우주선이 착륙할 때 충격을 흡수하고, 우주 비행사의 몸을 편안하게 받쳐 주기 위해 만들어졌지요. 이 기술은 일상생활에도 활용되기 시작했어요. 지금은 베개, 침대 매트리스, 신발 깔창, 보호 장비 등 다양한 제품에 사용돼요.

기사 쓰기

'우주 산업'에 대해 알게 된 사실이나 너의 생각을 써 봐.

- 우주선, 탐사, 달, 화성, 인류 등의 낱말을 활용해 봐.
- 우주 탐사가 가져올 미래는 어떤 모습일지 상상해 봐.
- 현재까지 개발된 우주선에 어떤 것들이 있는지 조사해서 써 봐.

사람처럼 움직이는 로봇, 휴머노이드

© 게티이미지코리아

2025년 8월 중국 베이징에서 세계 휴머노이드 로봇 경기 대회가 열렸어요. 이 대회는 로봇들이 선수로 참가해 운동 경기를 벌이는 세계 최초의 '로봇 올림픽'으로 관심을 모았어요.

휴머노이드 로봇이란 머리가 달려 있고 팔다리를 움직이는 등 사람처럼 생긴 로봇을 말해요. 사람을 뜻하는 '휴먼(human)'과 닮았다는 뜻의 '오이드(oid)'를 합친 말이에요.

로봇들은 달리기, 권투, 축구 등의 종목에서 실력을 겨뤘어요. 엉뚱한 곳에 주먹을 날리고, 로봇 여러 대가 뒤엉켜 넘어지는 등 우스꽝스러운 장면도 있었어요. 하지만 로봇이 사람처럼 운동 경기를 할 수 있는 수준까지 발전했다는 점을 보여 준 대회였어요.

이제 곧 휴머노이드 로봇이 사람을 대신해 공장에서 일하는 모습을 보게 될지도 몰라요. 현대자동차는 *계열사인 보스턴 다이내믹스가 개발한 휴머노이드 로봇 '아틀라스'를 미국 조지아주에 있는 자동차 공장에 투입할 계획이에요. 아틀라스는 사람의 도움 없이 스스로 작업 도구를 정리하고 운반해요. 테슬라도 '옵티머스'라는 휴머노이드 로봇을 공장에 배치할 예정이에요.

휴머노이드 로봇이 사람처럼 운동 경기도 하고 공장에서 일할 수도 있는 것은 인공 지능(AI)을 장착했기 때문이에요. 로봇에 지능이 생기면서 주변 상황을 판단해 가며 더 똑똑하게 움직일 수 있게 된 거예요.

AI가 적용된 휴머노이드 로봇은 사람과 소통하며 함께 일할 수 있어 앞으로 공장은 물론 병원, 학교, 가정에서도 사용될 것으로 예상돼요.

* 계열사: 경영주가 같거나 해서 밀접한 관련이 있는 회사.

경제 상식 채우기

피지컬 AI

휴머노이드 로봇처럼 형태가 있는 장치에 들어간 AI를 피지컬 AI라고 해. 피지컬(physical)은 신체, 물질을 뜻하는 영어 단어야. 로봇 외에 자율 주행 자동차, 스마트 홈 시스템 등이 피지컬 AI의 사례야. 전문가들은 앞으로 더욱 다양한 피지컬 AI가 등장하고, 피지컬 AI를 개발하기 위한 국가 간·기업 간 경쟁이 치열해질 것으로 예상해.

사실 확인하기

이 기사를 읽고 남긴 메모 중 잘못된 내용을 찾아 동그라미 쳐 봐.

중국에서 세계 최초의 로봇 올림픽이 열렸어요.	휴머노이드 로봇은 스스로 움직이지는 못해요.	휴머노이드 로봇은 AI를 적용한 로봇이라고 할 수 있어요.

적용하기

다음은 휴머노이드 로봇을 활용할 수 있는 사례야. 빈칸에 공통으로 들어갈 낱말을 써 봐.

- 산소가 부족하거나 위험한 환경인 우주에서 ( ) 대신 기계를 수리하는 등 우주 비행사를 도울 수 있다.
- 지진이나 화재가 난 현장에 들어가 ( )을/를 찾거나 무너진 건물 잔해 속에서 물건을 옮기는 등의 구조 활동을 할 것이다.

어휘 살펴보기

초성과 뜻을 보고 낱말을 맞혀 봐. 낱말들은 모두 기사에 나와 있어!

사람, 물자 등을 필요한 곳에 넣음.	기구나 장비 따위에 장치를 붙임.	뜻이 서로 통하여 오해가 없음.
한자 던지다 投 들다 入	한자 꾸미다, 넣다 裝 붙다, 입다 着	한자 나누다 疏 통하다 通

정답 두 번째 | 사람(인간) | 투입, 장착, 소통

머리와 몸통, 다리가 있고 사람처럼 팔다리를 움직이는 로봇을
휴머노이드 로봇이라고 해.

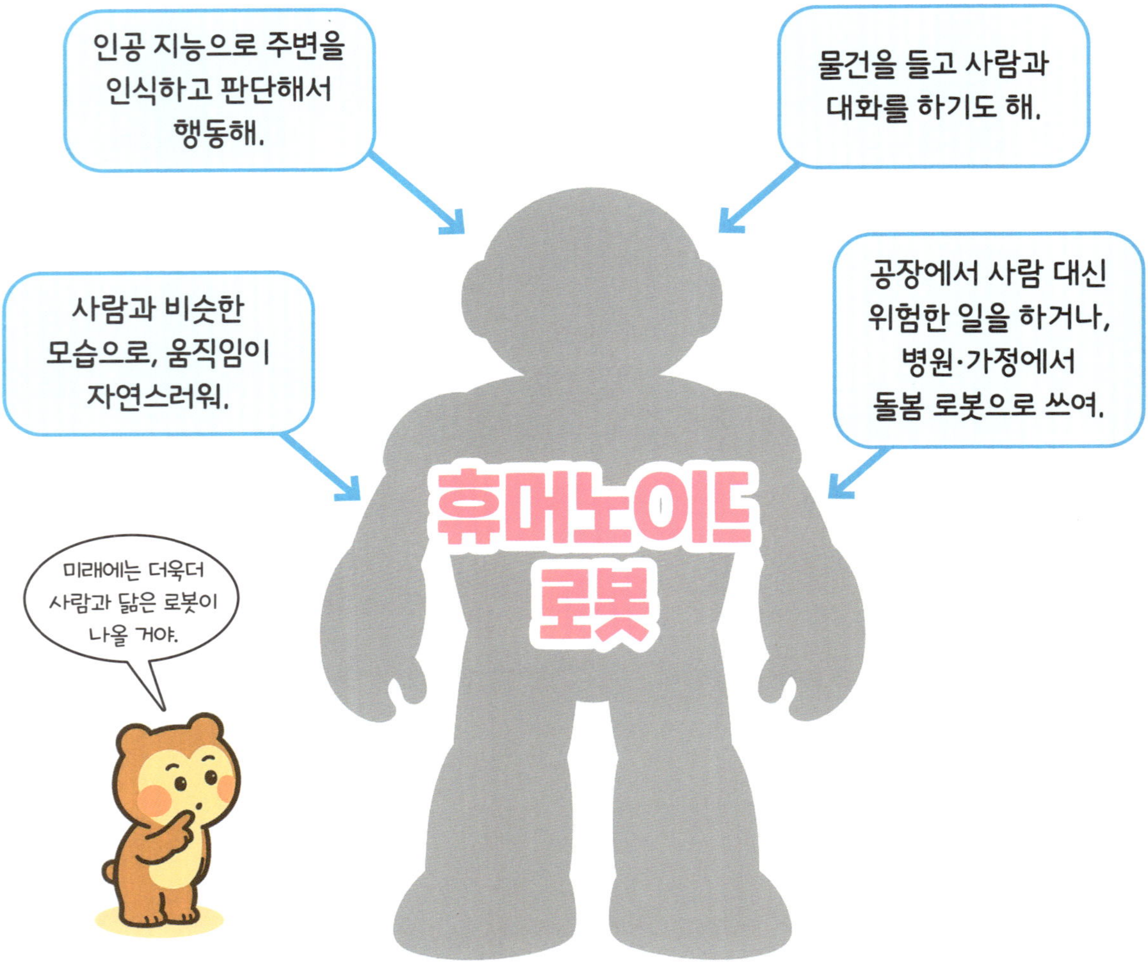

꼭 알고 가는 게 좋을걸?

- 휴머노이드 로봇은 인간의 모습을 닮은 로봇이야. 휴머노이드는 사람을 뜻하는 '휴먼(human)'과 닮았다는 뜻의 '오이드(oid)'를 합친 말이야.
- 휴머노이드 로봇은 AI를 이용해 주변 상황을 판단하며 똑똑하게 행동해.
- 로봇, 자율 주행 자동차 등에 적용된 AI를 피지컬 AI라고 해.

조사하기

실제로 주변에서 로봇을 만났던 경험을 조사해 보자.

장소	로봇이 하는 일
공항	예 공항에 갔는데 길을 안내하는 에어스타라는 안내 로봇이 있었다. 로봇이 친절하게 길을 찾아 줬다.

기사 쓰기

'로봇'에 대해 알게 된 사실이나 너의 생각을 써 봐.

- 로봇, 휴머노이드, AI 등의 낱말을 활용해 봐.
- 일상생활에서 로봇을 활용하게 됐을 때 좋은 점과 나쁜 점을 함께 생각해 봐.

운전자가 필요 없는 자율 주행 시대

© 게티이미지코리아

미국 샌프란시스코에서는 구글 웨이모와 테슬라의 '로보 택시' 서비스를 이용할 수 있어요. 스마트폰으로 택시를 부르면 운전사가 없는 택시가 오고, 자동차가 스스로 알아서 승객을 목적지까지 태워다 주는 놀라운 광경을 볼 수 있어요. 중국 베이징에서도 바이두라는 기업이 비슷한 서비스를 하지요.

미국과 중국, 한국 등 여러 나라에서 자율 주행 자동차를 도로에 투입해 시험하고 있어요.

그렇다면 어떻게 자동차가 스스로 운전할까요? 자율 주행 자동차는 자동차에 설치된 각종 전자 기기를 통해 이 기능을 수행해요. 카메라나 *레이더 센서 등으로 주변 환경을 살펴보고 거리를 측정하고, 장애물을 인식해요. 자동차 내부에 설치된 컴퓨터는 이러한 정보를 분석해 어느 방향으로, 어떤 속도로 달릴 것인지를 결정하지요. 또 교통 상황을 학습해 사고를 피하고 목적지까지 가는 가장 효율적인 경로를 찾아내요.

자율 주행 자동차는 자동차라는 공간의 의미도 바꿔 놓을 거예요. 운전하지 않아도 된다면, 자동차는 거실과 다름없는 공간이 될 테니까요. 완벽하게 자율 주행을 할 수 있다면 사람들은 자동차 유리창을 화면 삼아 영화를 보거나 게임을 하는 등 여가를 즐길 수 있게 되는 거예요.

전문가들은 자율 주행이 교통사고를 줄이고, 노약자나 장애인 등 이동이 어려운 사람들의 편의를 크게 높일 것으로 기대하고 있어요. 다만, 사고 발생 시 책임 문제나 해킹 등 보안 문제 같은 새로운 과제도 함께 풀어야 할 숙제로 남아 있어요.

* 레이더: 전파를 이용하여 물체를 탐지하고 거리를 측정하는 장치.

경제 상식 채우기

자율 주행 단계

자율 주행 기술의 발전 수준은 총 6단계로 나눌 수 있어. 사람이 모든 것을 조작해야 하는 가장 낮은 0단계부터 어떤 환경에서도 사람이 개입하지 않고 완전 무인 주행이 가능한 5단계로 나뉘어. 일반적인 자동차는 2~3단계 수준의 자율 주행 기술이 들어가 있어. 하지만 특별한 지역에서 허가받은 자율 주행 택시의 경우 4단계 초기에 해당해.

사실 확인하기

이 기사를 읽고 남긴 메모 중 잘못된 내용을 찾아 동그라미 쳐 봐.

자율 주행 자동차는 스스로 속도를 조절하진 못해요.	완전 자율 주행이 가능해지면 자동차 안에서 숙제하거나 영화를 볼 수 있어요.	자율 주행 자동차는 교통 상황을 학습해요.

적용하기

다음 글을 읽고, 자율 주행 기술이 필요한 분야가 아닌 것을 골라 동그라미 쳐 봐.

하늘을 나는 드론에도 인공 지능(AI)과 자율 주행 기술을 결합하려는 노력이 계속되고 있어요. 이미 화재가 나면 불을 끄거나, 농사를 지을 때 씨와 농약을 뿌리는 일에 드론을 이용해요. 물건이나 사람을 실어 나르고 전쟁에서 공격 무기로 활용하기도 해요.

국방 소방 농업 미용

어휘 살펴보기

초성과 뜻을 보고 낱말을 맞혀 봐. 낱말들은 모두 기사에 나와 있어!

ㅈ ㅎ	ㅇ ㅅ	ㅅ ㅎ
자동차나 열차 등이 달림.	무엇을 분명히 알고 이해함.	생각하거나 계획한 대로 해냄.
한자 달리다 走 / 다니다 行	한자 알다 認 / 알다 識	한자 드디어 遂 / 하다 行

정답 첫 번째 | 미용 | 주행, 인식, 수행

과거의 자동차와 현재의 자동차는 어떻게 다른지,
미래의 교통수단은 어떻게 바뀌어 갈지 살펴보자.

과거

인류 최초의 자동차

1886년, 역사상 처음으로 가솔린 자동차가 발명됐어.

내연 기관 자동차

대량 생산이 가능해지면서 자동차의 가격이 낮아져 오랜 기간 내연 기관 자동차가 개인적인 이동 수단으로 이용됐어.

친환경 자동차와 자율 주행의 등장

석유 대신 전기로 움직이는 전기차, 하이브리드 차를 운행하는 사람들이 많아지고, 자율 주행 기술이 적용된 자동차가 상용화됐어.

도심항공교통(UAM)

미래에는 공중을 다니는 교통수단이 생길 거야. 에어 택시라고도 해.

미래

꼭 알고 가는 게 좋을걸?

- 자율 주행 기술이 가장 발달한 나라는 미국과 중국이야. 미국의 구글, 아마존, 테슬라 등 많은 회사가 기술을 연구해. 중국 회사 바이두는 현재 세계 15개 도시에서 1,000대 이상의 자율 주행 차량을 운행하고 있어서 매우 많은 운행 데이터를 가지고 있어.
- 한국도 서울 일부 지역에서 자율 주행 버스를 운행하고 있지만 정해진 시간에, 정해진 길로만 다녀. 만약의 사태를 대비해 안전 요원도 함께 타고 있지.

자율 주행의 장단점을 조사한 내용을 표로 정리해 봐.

자율 주행의 장단점

단점	단점
• 어린이나 노약자가 보호자 없이 누구나 자동차로 편리하게 이동할 수 있어요.	• 사고가 났을 때 책임이 운전자에게 있는지 자동차 제조사에 있는지 명확하지 않아요.

'자율 주행'에 대해 새롭게 알게 된 사실과 너의 생각을 써 봐.

- 자율 주행, 자동차, 운전 등의 낱말을 활용해 봐.
- 일상생활에서 자율 주행차가 돌아다닌다고 상상해 봐.
- 자율 주행의 좋은 점과 나쁜 점을 함께 생각해 봐.

세계를 휩쓸고 있는 K-컬처 열풍

© 게티이미지코리아

얼마 전 미국 넷플릭스에서 공개한 '케이팝 데몬 헌터스(K-pop Demon Hunters)'라는 애니메이션이 세계적으로 큰 인기를 끌었어요. 우리나라에서 만든 애니메이션은 아니지만, 한국 아이돌을 주인공으로 하며 남산과 한강, 명동 등 서울을 배경으로 악귀를 물리친다는 내용이에요. 생생한 서울의 모습과 화려한 케이팝 무대, 그리고 역동적인 액션이 어우러져 많은 시청자의 눈길을 사로잡았어요. 이처럼 한국 문화 콘텐츠가 해외에서 큰 관심을 받으면서, 한국의 도시와 문화 전반에 대한 인지도도 점점 높아지고 있어요.

최근 한국 문화가 세계적으로 주목받는 현상은 점점 더 두드러지고 있어요. BTS, 블랙핑크 등 우리나라 아이돌 그룹이 세계 곳곳에서 콘서트를 열어요. 수만 명의 팬들이 공연장을 가득 메우고 한국어로 노래를 따라 부르는 모습을 볼 수 있지요.

넷플릭스, 디즈니플러스 등 글로벌 온라인 동영상 서비스(OTT)에서는 여러 한국 영화와 드라마가 시청률 1위를 차지하는 현상이 많아졌어요.

이러한 분위기 속에 미국, 유럽, 일본 등지에서 판매되는 한국 화장품과 식품의 판매량이 계속 늘고 있어요. 2024년 화장품 수출액이 68억 달러로 역대 최대치를 기록했어요. 2025년 상반기(1~6월) 기준으로 라면, 김치, 만두 등의 식품은 약 66억 달러가 수출되어 사상 최고 실적을 달성했어요.

한국을 찾는 외국인 관광객도 많아졌어요. 서울 거리에서는 외국인을 심심찮게 볼 수 있어요. 이들은 영화나 드라마에 등장하는 배경지를 찾아요. 또 한국 음식을 먹는 영상을 촬영해 소셜 미디어(SNS)에도 올려요. 단순히 관광지를 돌아보는 여행이 아니라 색다른 여행을 하고 있지요.

경제 상식 채우기

케이팝(K-pop)

'K'가 붙으면 한국 문화라는 뜻이야. 한국을 뜻하는 영어 'Korea'에서 가져왔어. '팝(pop)'은 '대중가요(popular music)'의 줄임말이지. 즉, K-pop은 한국의 대중가요야. 이 말은 1990년대 일본이나 중국, 동남아시아의 언론들이 한국 아이돌 음악을 서양 음악과 구분하기 위해 쓰기 시작했어.

사실 확인하기

이 기사를 읽고 남긴 메모 중 잘못된 메모를 찾아 동그라미 쳐 봐.

최근 한국을 찾는 외국 관광객이 증가했어요.	한 나라의 문화는 상품을 수출하는 것과는 관계가 없어요.	요즘 한국 문화에 관심을 갖는 외국인이 늘어났어요.

적용하기

K-컬처가 우리나라 경제에 미치는 긍정적인 영향에는 무엇이 있는지 써 봐.

어휘 살펴보기

초성과 뜻을 보고 낱말을 맞혀 봐. 낱말들은 모두 기사에 나와 있어!

ㄷ ㅅ	ㅍ ㅁ ㄹ	ㄱ ㄱ ㄱ
목적한 것을 이룸.	일정한 기간에 상품 따위를 파는 양.	관광하러 다니는 사람.
한자 통하다 達, 이루다 成	한자 팔다 販, 팔다 賣, 헤아리다 量	한자 보다 觀, 빛 光, 손님 客

정답 [illegible] | [illegible] | 달성, 판매량, 관광객

한국의 문화 콘텐츠가 세계적으로 인기를 끌면서
경제, 사회, 정치, 외교 등 여러 분야에 영향을 미치고 있어.

K-컬처(한국 문화)

관광

한국 문화를 좋아하는 외국인들이 우리나라에 와서 뮤직 비디오나 드라마에 나왔던 장소를 찾아가고, 인기 있는 식품이나 화장품, 의류 상품을 사가기도 해.

교육

한국어를 배우러 한국 대학에 오는 유학생 수도 계속 늘고 있어. 2024년 말 기준으로 약 27만 명이 한국에 왔는데, 역대 가장 많은 수치라고 해!

정치·외교

대통령이나 외교관은 다른 나라의 정치인과 대화할 때 한국 음악이나 영화에 대해 이야기하기도 한대. 그만큼 한국 문화가 세계에 널리 알려졌다는 의미야.

꼭 알고 가는 게 좋을걸?

- K-컬처는 'Korea(한국)'와 'culture(문화)'를 합친 말이야. 예전에는 '한류'라는 말을 많이 썼지. 케이팝을 포함해 한국에서 만들어진 문화와 그 영향력을 뜻해.
- K-드라마, K-푸드, K-웹툰, K-콘텐츠 등 다양한 말이 생겨나고 있어.
- K-컬처는 단순히 유행이 아니라 다양한 산업에도 영향을 끼치고 있어.

조사하기

다음 사례와 같이 K-컬처의 인기로 인해 일어나는 변화를 조사해 보자.

한국 대학에 공부하러 오는 외국인 유학생 수가 계속 늘고 있어요. 2024년 말 기준으로 약 27만 명이 한국에 왔다고 해요. 그뿐만 아니라 다른 나라의 대학에서 한국어 수업이 늘어나고 있어요.

기사 쓰기

'K-컬처'에 대해 알게 된 사실과 너의 생각을 써 봐.

- 게임, 웹툰, 패션 등 K-컬처의 사례를 더 찾아봐.
- K-컬처의 인기가 우리 생활에 미친 영향은 무엇이 있는지 알아봐.
- K-컬처를 더 발전시키려면 어떻게 해야 할지 생각해 봐.

SF 영화 같은 뇌과학 기술이 현실로!

© 게티이미지코리아

손이나 발을 움직일 필요 없이 머릿속 생각만으로 컴퓨터나 로봇을 조종할 수 있다면 어떨까요? 최근 인간의 뇌와 컴퓨터를 연결해 각종 전자 기기를 작동하게 하는 '뇌-컴퓨터 인터페이스(BCI: Brain Computer Interface)'에 대한 연구가 활발하게 이뤄지고 있어요.

사람이 뭔가를 생각할 때 뇌 속의 신경 세포(뉴런)들은 전기 신호를 주고받아요. 이 신호를 감지해 컴퓨터나 로봇에 전달하고, 그 신호 명령을 해석해 움직이도록 하는 것이 BCI의 기본 원리예요. 예를 들어 머릿속으로 '인터넷에 접속해야겠다'거나 '로봇이 나에게 다가오도록 해야겠다'고 생각하면 뇌에서 발생하는 신호가 컴퓨터에 전달돼 인터넷 창이 열리고 로봇이 이동하는 거예요. 심지어 머릿속으로 생각한 말을 컴퓨터 화면에 옮기는 기술도 연구되고 있어요.

그렇다면 BCI 기술은 뇌에서 발생하는 신호를 어떻게 컴퓨터로 전달하는 걸까요? 먼저 인간의 뇌에 칩을 심는 방법이 있어요.

테슬라 최고 경영자 일론 머스크와 뇌 신경 과학자들이 세운 회사인 뉴럴링크는 지금까지 12명의 두뇌에 칩을 이식했어요. 이 칩은 뇌의 전기 신호를 실시간으로 읽고 무선으로 컴퓨터에 전송할 수 있어요. 하지만 뇌에 칩을 심으려면 수술을 해야 해 위험이 뒤따라요.

이 문제를 해결하기 위해 미국 로스앤젤레스 캘리포니아대학교의 조너선 카오 교수 연구 팀은 수술할 필요 없이 두피에 센서를 붙여 작동할 수 있는 BCI 기술을 발표했어요. 연구 팀은 BCI 기술에 인공 지능(AI)을 결합해 뇌에서 발생하는 신호가 더 정확하게 전달될 수 있도록 했어요. BCI 기술은 전신이 마비된 환자나 몸을 자유롭게 움직이기 힘든 사람에게 특히 큰 희망이 될 것으로 기대를 모으고 있어요.

경제 상식 채우기

인공 신경망

인간의 뇌에 있는 신경 세포(뉴런)의 구조를 본떠 만든 컴퓨터 알고리즘이야. 인공 지능(AI)을 개발하기 위한 머신러닝과 딥러닝의 핵심 기술이라고 할 수 있어. 인공 신경망의 기본 원리는 우리 뇌의 신경 세포가 서로 연결돼 있어서 어렵고 복잡한 문제를 풀어내는 것과 같아. 인공 뉴런이 정보를 주고받으면서 문제에 대한 답을 찾아가는 거지.

사실 확인하기

이 기사를 읽고 남긴 메모 중 잘못된 메모를 찾아 동그라미 쳐 봐.

인간의 뇌와 컴퓨터를 연결하는 기술을 뇌-컴퓨터 인터페이스라고 해요.

수술을 통해 뇌에 칩을 심는 것이 BCI 기술을 구현하는 유일한 방법이에요.

BCI 기술은 몸이 불편한 환자에게 큰 도움이 될 거예요.

적용하기

다음 낱말 카드를 활용해 빈칸을 채워 봐.

척추 | 뇌 | 생각 | 시선

BCI 기술은 사람의 (　　　) 와/과 컴퓨터를 직접 연결하는 기술이에요. (　　　) 만으로 기계를 움직이거나 몸을 움직일 수 있게 해 줘요.

어휘 살펴보기

초성과 뜻을 보고 낱말을 맞혀 봐. 낱말들은 모두 기사에 나와 있어!

ㅇ ㅅ
장기 등을 떼어 내 다른 사람에게 옮겨 붙임.
한자 옮기다 移 / 심다 植

ㄷ ㅍ
머리를 덮고 있는 피부.
한자 머리 頭 / 가죽, 껍질 皮

ㅈ ㅅ
몸 전체.
한자 모두, 전체 全 / 몸, 신체 身

정답 두 번째 | 뇌, 생각 | 이식, 두피, 전신

뇌-컴퓨터 인터페이스(BCI)는 난치병을 치료하는 중요한 수단으로, 생명 공학 분야와 관련이 깊어. 생명 공학 분야에는 다양한 기술이 있어.

바이오테크놀로지 (생명 공학)

생명 과학 기술을 이용하여 새로운 의약품, 식품, 재료 등을 만드는 기술이야.

바이오테크놀로지가 발달하면 새로운 직업이 생기고, 건강한 사람이 많아져서 의료비가 줄고 생산성이 높아져.

유전자 편집

타고난 유전자를 수정하는 기술이야. 유전병을 고치거나 병충해에 강한 식물을 만들 수 있어.

인공 장기

사람의 심장, 간, 신장 같은 장기를 3D 프린터로 만들어 이식하는 기술이야.

바이오 연료

식물, 미생물 같은 생명체로부터 환경을 오염시키지 않는 연료를 만드는 기술이야.

꼭 알고 가는 게 좋을걸?

- 바이오테크놀로지는 IT 기술과 결합하여 빠르게 발전하고 있어.
- 인간의 뇌와 컴퓨터를 연결하는 뇌-컴퓨터 인터페이스(BCI)에 대한 연구가 활발하게 진행되고 있어. 이 기술을 활용하면 머릿속 생각만으로 컴퓨터나 로봇을 작동할 수 있어 전신이 마비된 환자 등에게 도움이 될 것으로 예상돼.

조사하기

생각만으로 컴퓨터를 작동시키고 로봇을 움직이는 기술이 각 분야에서 어떻게 활용될 수 있는지, 실제 진행하고 있는 연구 사례가 있다면 써 봐.

분야	내용	사례
의료, 재활	예 몸을 쓰지 않고 기계를 움직임.	몸을 움직일 수 없는 루게릭 병 환자가 눈을 움직여 인터넷 검색을 했다.
게임		

기사 쓰기

'인간의 생각과 컴퓨터를 연결하는 기술'에 대해 알게 된 사실이나 너의 생각을 써 봐.

- 뇌-컴퓨터 인터페이스, AI 등의 낱말을 활용해 봐.
- 손을 사용하지 않고도 컴퓨터를 다룰 수 있다면 어떤 점이 좋을지 생각해 봐.
- 이 기술을 일상생활에서 활용하게 된다면 어떤 변화가 있을지 상상해 봐.

초등 3학년부터 시작하는 어린이 경제 신문

글 문혜정, 유승호
감수 한국경제신문

1판 1쇄 인쇄 2025년 12월 8일
1판 1쇄 발행 2025년 12월 18일

펴낸이 김영곤
프로젝트3팀 팀장 이장건 **책임개발** 박예진
영업팀 정지은 한충희 남정한 장철용 나은경 강경남 황성진 김도연 이민재 이정은
디자인 윤수경 **제작팀** 이영민 권경민

펴낸곳 (주)북이십일 아울북
출판등록 2000년 5월 6일 제406-2003-061호
주소 (10881) 경기도 파주시 회동길 201 (문발동)
대표 전화 031-955-2100 **팩스** 031-955-2177 **홈페이지** www.book21.com

ISBN 979-11-7357-624-9 73320

• 제조자명 : (주)북이십일
• 주소 및 전화번호 : 경기도 파주시 문발동 회동길 201(문발동) / 031-955-2100
• 제조연월 : 2025.12.
• 제조국명 : 대한민국
• 사용연령 : 3세 이상 어린이 제품

주니어 생글생글

생각하고 글쓰기

초등학생과 중학생을 위한
최신 경제 뉴스를
매주 만나 보세요!

초등 3학년부터 시작하는 어린이 경제 신문은 한국경제신문이 발행하는 어린이 경제 신문 '주니어 생글생글'을 바탕으로 만들어졌습니다.